LEASING

Herausgeber: Markus Hess, Robert Jakob, Björn Zern

Swiss Equity
guide

Impressum

Swiss Equity guide
Leasing

Herausgeber:
Markus Hess, Robert Jakob, Björn Zern

Verlag:
Swiss Equity Medien AG
Freigutstrasse 26
CH-8002 Zürich
www.se-medien.ch

Redaktion:
Robert Jakob (Leitung), Oliver Klaffke,
Bettina Michaelis, Björn Zern

Projektmanagement:
Klaffke & Dietschi´s
Really fine ideas, Hägendorf

Korrektorat:
Magdalena Lammel, D-Bayreuth

Druck:
SWS Medien AG Print, Sursee
ISBN 978-3-9523210-5-8

© Swiss Equity Medien AG 2008

LEASING IST ETABLIERT

von Gerold Bührer, Präsident economiesuisse

Das teilweise fast atemberaubende Tempo der technischen Innovation in der heutigen Wirtschaft und Gesellschaft ruft nach Investitionen der Unternehmen in immer kürzeren Abständen. Gleichzeitig zeigt es sich, dass nur neueste Technologie das Aufrechterhalten einer erreichten Marktposition ermöglicht. Damit tritt bei verschiedenen Wirtschaftsgütern der Gebrauch für einen Zeitabschnitt der technischen Nutzbarkeit in den Vordergrund. Dies ist ein ausgezeichnetes Umfeld, um Leasing als Finanzierungsalternative zu begreifen. Es macht Sinn, in diesem sich schnell wandelnden Umfeld die Kapitalbindung zu schonen und eine 100-Prozent-Objektfinanzierung in Betracht zu ziehen. Immerhin ist auch beim Leasing bezüglich der Liquiditätsplanung scharf zu kalkulieren, denn die Raten werden in der festen Vertragslaufzeit unerbittlich fällig. Wer rechnen kann, wird aber in Leasingfinanzierungen immer eine Alternative sehen und sie mit anderen Optionen abwägen.

Der Schweizerische Leasingverband, ein langjähriges Mitglied schon des Vororts und seit ihrer Gründung auch der economiesuisse, hat sich mit seinem steten Wirken für die Qualität des Leasingangebotes hohe Anerkennung verschafft. Nicht zuletzt mit der Führung einer Selbstregulierungsorganisation gemäss dem Geldwäschereigesetz hat der Verband einen wesentlichen Beitrag zur gedeihlichen Entwicklung des Leasings in der Schweiz geleistet. Dafür gebührt ihm und seinen Exponenten spezieller Dank.

Zum zehnjährigen Bestehen gratuliere ich dem Verband herzlich und wünsche ihm eine prosperierende Zukunft. Möge der vorliegende Leasing Guide, der sich vertieft mit dieser spannenden und innovativen Finanzbranche auseinandersetzt, auf ein reges Interesse stossen.

Herzlich, Ihr

INHALTSVERZEICHNIS

VORWORT 5
Gerold Bührer, Präsident economiesuisse

INHALTSVERZEICHNIS 6

AUTORENVERZEICHNIS 8

EINLEITUNG AB S. 12
Leasing: Eine Erfolgsgeschichte 12
Sonderformen des Leasings 14
Ablauf eines Leasinggeschäftes 16
Wirtschaftliche Bedeutung und Entwicklung 17
Leasing-Arten 18

FALLSTUDIEN AB S. 22
Investitionsgüterleasing: Lenk Bergbahnen 22
Investitionsgüterleasing: Bruhin & Diethelm AG 26
Immobilienleasing: Stella Brandenberger Transporte AG 30
Energiespar-Contracting Leasing: Axima 34
Flottenmanagement: Implenia AG 38
Vendor Leasing: Trumpf Maschinen AG 42
Flottenfinanzierung: TA Triumph-Adler Visinfo AG 46

Inhalt

EXPERTENBEITRÄGE — AB S. 50

Intelligentes Flottenmanagement hilft Kosten sparen	50
Investitionsgüterleasing	54
Immobilienleasing erfreut sich neuer Beliebtheit	58
Recht und Steuern	62
Mit «Sale-and-Leaseback» direkt ins moderne Flottenmanagement	68
Rollmaterial-Leasing	72
Vendor Lease	74
Finanzleasing: Die Rolle der Banken und die Bedeutung der Rechnungslegung	78
Energiespar-Contracting Leasing: Mit Energiesparen das Leasing finanzieren	82
Die Zukunftsperspektiven des Leasings in den Zeiten der Subprimekrise	86

SERVICE — AB S. 90

Literaturliste	90
Nützliche Adressen	92
Firmenportraits	98
Checkliste Leasing	102

IMPRESSUM

	4

AUTORENVERZEICHNIS

SERGE BORNICK
Studium der Betriebswirtschaft, HEC Lausanne, Diplom International Bankers School, Chicago. Verschiedene Stellen in Corporate Banking, zur Zeit Leiter Immobilien Leasing, Credit Suisse.
serge.bornick@credit-suisse.com *S. 58*

GINO GIULIATO
CEO UBS Leasing AG. Betriebsoekonom, Advanced Executive Programm des Swiss Finance Institute, Executive Programm an der University of Michigan Business School. Seit 2004 CEO UBS Leasing AG, davor war er ab 1988 beim Schweizerischen Bankverein in Zürich und New York bzw. UBS in den verschiedenen Bereichen tätig. gino.giuliato@ubs.com *S. 54, S. 72*

THOMAS HARTMANN-WENDELS
Studium der Betriebswirtschaftslehre, Promotion und Habilitation in Köln; 1990 - 1998 Professor für Betriebswirtschaftslehre an der RWTH Aachen, seit 1998 Professor für Betriebswirtschaftslehre, insb. Bankbetriebslehre an der Universität zu Köln, seit 2002 Direktor des Forschungsinstituts für Leasing an der Universität zu Köln. hartmann-wendels@wiso.uni-koeln.de *S. 86*

MARKUS HESS

Rechtsanwalt, Partner von Kellerhals Hess Rechtsanwälte, Zürich und Bern, Geschäftsführer des Schweizerischen Leasingverbandes, Referent an der Fachhochschule Nordwestschweiz für den CAS Leasing. Rechtsberatung u.a. in allen Sparten des Leasinggeschäftes seit 1979. markus.hess@kellerhalshess.ch
S . 12, S. 62

MARKUS KREIS

Vertriebsleiter High Tech Programs bei der SG Equipment Finance Schweiz. Strukturierte Finanzierungen im Bereich Flugzeuge, Schiffe, Medizin, IT. markus.kreis@sgef.ch *S . 74*

MARKUS KRUG

Vertriebsleiter Transport und Industriegüter bei der SG Equipement Finance Schweiz. Führung und Steuerung des Flächenvertriebs, Entwicklung, Akquisition und Pflege der Vendorprogramme. markus.krug@sgef.ch *S. 74*

Autoren

CHRISTIAN LOOSER
Geschäftsleiter der AIL Swiss-Austria Leasing AG seit 2007. Davor 30 Jahre in leitenden Funktionen bei einer Schweizer Grossbank, davon 20 Jahre im Banking und 10 Jahre im Leasing. Langjährige Erfahrung in Immobilienleasing und Spezialfinanzierungen, dipl. Betriebsoekonom KSZ.
christian.looser@immo-leasing.ch *S. 82*

CAROLINE MAHIEU
Managing Director von LeasePlan (Schweiz) AG und Delegierte des Verwaltungsrates, seit Juni 2007 Vorstandsmitglied des SLV (Schweizerischen Leasingverbandes). Von 2001 bis 2003 Corporate Director Strategy & Development bei der LeasePlan Corporation N.V. (NL). caroline.mahieu@leaseplan.ch *S. 68*

MICHAEL SCHNEEBELI
Eidg. Dipl. Wirtschaftsprüfer und Director in der Wirtschaftsprüfung Financial Services KPMG in Zürich. Er ist von der EBK anerkannter leitender Revisor und verantwortlicher Prüfer für verschiedene Bankmandate im International Banking.
mschneebeli@kpmg.com *S. 78*

ROGELIO J. VALDIVIA

Mitglied der Geschäftsleitung und Commercial Director der LeasePlan (Schweiz) AG. Seit 2005 bei LeasePlan (Schweiz) AG. Zuerst Verkaufsleiter, seit 2006 verantwortlich für den gesamten kommerziellen Bereich und Marketing.
rogelio.valdivia@leaseplan.ch

S. 50

LEASING: EINE ERFOLGSGESCHICHTE

Markus Hess, Geschäftsführer des Schweizerischen Leasingverbandes

Das Leasing als Finanzierungsform hat sich in Europa in den vergangenen fünf Jahrzehnten rasant entwickelt. Schon Jahre zuvor etabliert in Amerika, hat es nach dem Zweiten Weltkrieg den Sprung über den Atlantik gemacht und sich seit 1955 langsam einen festen Platz auch im Schweizer Finanzierungsmarkt erobert.

EINFÜHRUNG IN DIE KOMPLEXE WELT DES LEASING

Inzwischen beträgt der Anteil der geleasten Investitionsgüter zwölf Prozent der Schweizer Ausrüstungsinvestitionen – und das bei steigender Tendenz. Dieser Band gibt dem Leser einen Überblick über das Thema Leasing im Allgemeinen sowie über die Entwicklung in der Schweiz im Besonderen. Experten beleuchten ausgewählte Themen, wobei Fallbeispiele anschaulich einen Einblick in die Praxis geben.

Leasing in seiner klassischen Ausprägung ist ein Dreiparteiengeschäft: Der Leasinggeber erwirbt vom Lieferanten nach den Wünschen und Bedürfnissen des Leasingnehmers einen beweglichen oder unbeweglichen Gegenstand und überlässt ihn dem Leasingnehmer für eine bestimmte Zeit gegen

Abb 1: Die Vertragsverhältnisse beim Leasing

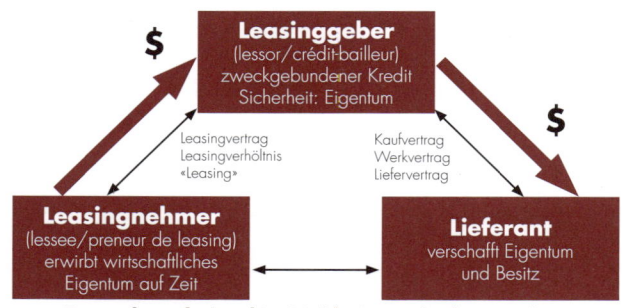

Entgelt. Es bestehen also zwei Verträge mit je zwei Parteien, die miteinander auf Grund des verfolgten wirtschaftlichen Zweckes verbunden sind (Abb. 1: Leasing-Dreieck gemäss Unidroitkonvention).

Was so einfach klingt, war von Anfang an vor allem für Unternehmen attraktiv. Sie konnten Investitionsgüter gegen Entrichtung einer monatlichen Rate nutzen, ohne sich mit Krediten zu verschulden.

MEHR SPIELRAUM FÜR UNTERNEHMER MIT LEASING

Der Nutzen an einer Sache war ihnen dabei wichtiger als das Eigentum an ihr. Sie konnten die gewonnene Liquidität einsetzen, um zum Beispiel im Kerngeschäft zu investieren, oder sie schonen, um Reserven zu bilden.

Das Leasing war ursprünglich bei Unternehmen sehr beliebt. Mittlerweile nutzen immer mehr Privatpersonen die Finanzierung über Leasing.

Auch private Konsumenten interessierten sich zunehmend für Leasing. Dies betrifft vor allem den Automobilmarkt. Zuweilen wird deshalb behauptet, Leasing sei eine üble Schuldenfalle für Konsumenten.

Dass dies keinesfalls zutrifft, zeigt beispielhaft die Ausfallquote von gerade mal 0,2 - 0,5 Prozent der monatlich fällig werdenden Leasingraten.

Dennoch soll an dieser Stelle auch gesagt sein, dass Leasing kein Strohhalm für Schuldner ist, denen womöglich schon die Bank einen Kredit verweigert hat. Die Leasingraten schaffen klar kalkulierbare und regelmässig zu leistende Zahlungsverpflichtungen, denen der Leasingnehmer wirtschaftlich gewachsen sein muss.

DER SCHWEIZERISCHE LEASINGVERBAND

Zur Qualitätsverbesserung des Leasinggeschäftes tragen auch die Bemühungen des Schweizerischen Leasingverbandes im Bereich der Weiterbildung bei. So bleibt das Knowhow auf dem neusten Stand. Zusammen mit der Fachhochschule Nordwestschweiz in Windisch/Brugg führt der Verband im Jahre 2008 bereits das zweite «Certificate of Advanced Studies» (CAS) Leasing durch. Dieser Kurs richtet sich an alle, die sich mit Leasing näher beschäftigen wollen.

Der Verband will damit einen Beitrag zur noch besseren Verankerung des Leasinggeschäftes in der Schweizer Wirtschaft leisten und gleichzeitig den Mitarbeitenden in der Branche eine Weiterbildungsmöglichkeit anbieten – ganz im Sinne seines Leasing-Codex (www.leasingverband.ch/61/Verband/SLV/Leasing-Codex.html), der die Transparenz, Qualität und Fairness im Leasinggeschäft betont.

SONDERFORMEN DES LEASING

SALE-AND-LEASEBACK

Beim Sale-and-Leaseback (SALB) verkauft ein Eigentümer ein Objekt an einen Leasinggeber, um es dann von diesem zu leasen, ohne den Besitz daran zwischenzeitlich aufzugeben. Gegenstand von SALB-Verträgen sind häufig hochwertige und kapitalintensive Investitionsgüter wie Flugzeuge, Seilbahnen, Schiffe, Eisenbahn-Rollmaterial oder Industrieanlagen. Nach dem schweizerischen Sachenrecht kann ein SALB-Vertrag bei beweglichen Gegenständen zur Folge haben, dass das Eigentum zwar, wie eigentlich vertraglich vereinbart, auf den Leasinggeber übergeht, aber Dritten gegenüber nicht geltend gemacht werden kann. Bei Flugzeugen, Schiffen oder Immobilien bestehen solche Probleme nicht, da deren Eigentümer in einem Register geführt werden.

FLOTTENLEASING

Beim Flottenleasing ist es möglich, über ein flexibles System auf die individuellen Bedürfnisse des Leasingnehmers einzugehen. Wahlweise kann lediglich das Fahrzeug finanziert werden, wobei der Leasingnehmer sich selbst um den gesamten Unterhalt des Fahrzeuges kümmert, oder er nimmt auch Dienstleistungen in Anspruch. So können Dienstleistungsmodule in den Bereichen Service und Unterhalt, Betriebsstoffe, Versicherungen, Mobilitätsgarantie, Kreditkarten oder sogar Buchhaltung gewählt werden.

VENDOR LEASING

Hersteller wollen neben Kunden, die ihre Produkte kaufen, auch solche gewinnen, die lieber leasen.
Hersteller und Händler können ihre Angebote mit Leasingangeboten verbinden. Dazu können sie in Kooperation mit einem Finanzdienstleister Leasingfinanzierungen vermitteln und so aus Sicht des Kunden eine Komplettlösung anbieten. Die Verkäufer werden dabei vom Leasinggeber ermächtigt, die Bedingungen der Leasingverträge auszuhandeln. Für den Verkäufer entfällt durch das Leasing das Inkassorisiko, ausserdem kann er gegenüber Konkurrenzangeboten auf einen besseren Kundenservice durch das um die Finanzierung erweiterte Angebot verweisen.

FINANCIAL UND OPERATING LEASING

Auch nach dem Vertragscharakter lässt sich Leasing unterscheiden, nämlich in Financial Leasing und Operating Leasing. Beim Ersteren steht das Finanzierungselement im Vordergrund. Der Leasinggeber trägt wenig oder keine Investitions- und Eigentümerrisiken. Diese obliegen dem Leasingnehmer.

Die Anschaffungskosten werden innerhalb der festen Laufzeit amortisiert. Dem heutigen schweizerischen Standard entspricht dabei das Financial Leasing.

Als Finanzierungsleasing wird oft auch das Konsumentenleasing angesehen, obwohl dort ein wirtschaftlich vernünftiger Restwert kalkuliert wird und der Leasingvertrag vom Leasingnehmer mit dreimonatiger Kündigungsfrist aufgelöst werden kann. Im Vordergrund steht dabei, dass der Gesetzgeber Kreditelemente auch bei solchen Verträgen gesehen und das Konsumentenleasing deshalb im Bundesgesetz über den Konsumkredit geregelt hat.

Beim Operating Leasing von Mobilien ist die Grundmietzeit mit sechs bis zwölf Monaten vergleichsweise kurz, oder es gibt ein kurzfristiges Kündigungsrecht. Die wirtschaftliche Amortisation innerhalb der Vertragsdauer ist damit nicht möglich, der Leasingnehmer wird nur zu einer Teilamortisation verpflichtet. Beim Immobilienleasing sind lange, feste Laufzeiten möglich. Der Leasinggegenstand weist aber am Ende der ordentlichen Leasingdauer einen kalkulatorischen Restwert auf, welcher dem mutmasslichen Verkehrswert der Immobilie zu jenem Zeitpunkt entspricht. Anders als beim Financial Leasing trägt der Leasinggeber beim Operating Leasing einen wesentlichen Teil der Eigentums- und Investitionsrisiken.

DIREKTES UND INDIREKTES LEASING

«Klassisch» ist das indirekte Leasing. Es setzt zwei rechtlich selbständige Verträge voraus: Einen Kaufvertrag zwischen dem Leasinggeber und dem Produzenten oder Lieferanten sowie einen Leasingvertrag zwischen Leasinggeber und Leasingnehmer.

Beim direkten oder Herstellerleasing dagegen wird der Leasingvertrag zwischen dem Hersteller oder Lieferanten und dem Leasingnehmer abgeschlossen. Es fragt sich, ob diese Vertragsform überhaupt als Leasing anerkannt werden kann.

Das Bundesgericht hat bisher dazu nicht Stellung genommen, aber bislang stets die Drittbeteiligung des Leasinggebers als begriffsbestimmend angesehen. In der Praxis unterhalten auch Automobilhersteller oder die Importeure meist eigene Leasinggesellschaften, praktizieren also das Dreiparteienleasing.

ABLAUF EINES LEASINGGESCHÄFTES

Im Normalfall wählt der Leasingnehmer den Leasinggegenstand beim Lieferanten seiner Wahl aus. Er verhandelt den Preis sowie die genaue Zusammensetzung und Gestalt des Leasinggegenstandes. Er sucht ebenso eine Einigung über die Zahlungsmodalitäten, vor allem bei Leasinggegenständen, die noch hergestellt werden müssen. Das gilt auch und gerade bei Fahrzeugen, die meist auf Grund einer detaillierten Bestellung konfiguriert und hergestellt werden. Parallel dazu oder eventuell auch nach den Vertragsverhandlungen mit dem Lieferanten sucht der Leasingnehmer nach einer Finanzierung.

PFLICHTEN BEIM LEASING

Der Leasinggeber prüft die Bonität des Leasingnehmers, erfüllt die Sorgfaltspflichten gemäss Geldwäschereigesetz (u.a. Identifikation des Leasingnehmers) und prüft ebenfalls die Qualität des Leasinggegenstandes. Dies ist beim Immobilien-, aber z.B. auch beim Flugzeugleasing mit teilweise umfangreichen Schätzungen und technischen Abklärungen verbunden. Bei positivem Resultat tritt der Leasinggeber in den Vertrag mit dem Lieferanten ein oder schliesst einen inhaltlich vom Leasingnehmer verhandelten Liefervertrag ab.

Der Leasinggegenstand wird dem Leasingnehmer direkt vom Lieferanten übergeben. Er hat ihn genau zu prüfen und Mängel zu protokollieren. Der Leasingnehmer nimmt den Leasinggegenstand für den Leasinggeber als Eigentümer entgegen. Er vertritt ihn im Rahmen der Mängelrügen gegenüber dem Lieferanten.

Der Leasingnehmer nimmt den geleasten Gegenstand für den Leasinggeber als Eigentümer entgegen.

Nach Ablauf des Leasingvertrages hat der Leasingnehmer den Leasinggegenstand in einem guten Zustand zurückzugeben. Beim Immobilienleasing ist es üblich, dass der Leasingnehmer ein Kaufrecht ausüben kann, normalerweise für den kalkulierten Restwert, der mit dem voraussichtlichen Verkehrswert des Leasinggegenstandes in etwa übereinstimmen sollte.
Eine Verpflichtung des Leasingnehmers zur Übernahme gibt es nur ausnahmsweise.

WIRTSCHAFTLICHE BEDEUTUNG UND ENTWICKLUNG

Nicht das Eigentum an sich, sondern die Nutzung eines Wirtschaftsgutes schafft einen Wert. Darüber hinaus ist es für jedes Unternehmen wichtig, die Liquidität zu schonen und möglichst fristenkongruent zu refinanzieren. Dieser eher dem Bankgeschäft entliehene Begriff beschreibt trefflich den wahren Wert des Leasings: Die Investition soll dann getätigt werden, wenn sie gebraucht wird, sie soll innerhalb der technischen Nutzungsdauer eines Investitionsgutes zurückgefahren werden und die dabei anfallenden Kosten sollen saubere Businesspläne und Budgets ermöglichen. Diese Erkenntnisse führten zum sehr eingängigen Slogan: «s'Huen mit de Eier zahle», eine freie helvetische Übersetzung des englischen Claims «pay as you earn».

EIGENTUM BINDET MITTEL

Was hier so einleuchtend klingt, brauchte in der Praxis einige Jahre, um sich durchzusetzen. Der Eigentumsgedanke gab scheinbare Sicherheit, an der auch Unternehmer festhielten. Es wurde nicht gesehen, wie viele Mittel in teilweise nicht abschreibbaren Investitionen blockiert blieben und wie nötige Innovationen mangels Liquidität aufgeschoben wurden. Heute ist das Leasing auch aus dem europäischen Wirtschaftsalltag nicht mehr wegzudenken.

Die ersten Leasingverträge in der Schweiz wurden für Automobile abgeschlossen. Nach und nach fasste die Finanzierungsform auch in anderen Wirtschaftsbereichen Fuss. In den sechziger Jahren wurden Produktions- und Betriebsmittel verleast, Immobilien ab 1978. Theoretisch kann inzwischen jedes Wirtschaftsgut geleast werden, also auch Heissluftballone oder Polizeipferde.

LEASING AUF ERFOLGSKURS

Im Jahre 2007 sprengte die Summe aller Leasingverträge erstmals die 20-Milliarden-Grenze. Weit über diesem Wert sind derzeit Leasinggegenstände unter Vertrag. Dabei legte insbesondere das Investitionsgüterleasing in den letzten Jahren massiv zu. Immer mehr Unternehmen setzen Leasing vor allem auch im Fahrzeug- und Logistikbereich ein. Etwa 80 Prozent der Leasinggegenstände in der Schweiz sind Fahrzeuge im weitesten Wortsinne, nämlich Autos, Nutzfahrzeuge aller Art, wie beispielsweise Flugzeuge, Trams, Busse oder Eisenbahnen.

Einleitung

LEASING-ARTEN

Die Leasingarten lassen sich unter verschiedenen Aspekten betrachten. Hier steht die Unterscheidung nach Leasinggegenstand im Fokus. Sie ist die allgemein gebräuchlichste; weitere Unterscheidungsmöglichkeiten haben wir unter den Sonderformen aufgeführt.

INVESTITIONSGÜTERLEASING

Investitionsgüter sind Ausrüstungen zur gewerblichen Nutzung, so z.B. Lastwagen, Produktionsanlagen, Werkzeugmaschinen, Computer, Druckmaschinen, Medizinalgeräte, Baumaschinen, Lagerausrüstungen, Busse und Bahnen, alles Güter des Anlagevermögens. Diese Güter sind sehr kapitalintensiv in der Anschaffung und deshalb «klassische» Leasinggegenstände. Die Verträge werden nur mit Einzelfirmen und Handelsgesellschaften abgeschlossen. Sie haben eine feste Laufzeit, die etwa der voraussehbaren technischen Nutzungsdauer des Leasinggegenstandes entspricht. Die Anschaffungskosten werden praktisch abbezahlt.

KONSUMGÜTERLEASING

Solche Leasingverträge werden über bewegliche, dem Leasingnehmer zu privatem Gebrauch dienende Gegenstände abgeschlossen. Den Trends folgend wäre eigentlich eher von Konsumentenleasing zu sprechen, denn der Unterschied der Geschäftsart liegt eher beim Vertragspartner (Unternehmen oder Konsument) als beim Leasinggegenstand.

IMMOBILIENLEASING

Gegenstand dieser Leasingverträge sind Grundstücke im Rechtssinne, dazu gehören selbstverständlich auch Baurechtsparzellen. Es bestehen daher besondere rechtliche Rahmenbedingungen.

• •

Die volkswirtschaftliche Bedeutung des Leasings ist in der Schweiz hoch, aber geringer als in anderen Ländern.

• •

Die äussern sich etwa in Formvorschriften oder Anforderungen der Lex Koller beim Kauf und Verkauf der Immobilie; sie kommen bei eventuellen Altlastenproblemen und besonderen steuerlichen Fragen zum Tragen. Geleast werden u.a. Verwaltungsgebäude, Fabriken, Lagerhallen, Hotels und Objekte der öffentlichen Hand.

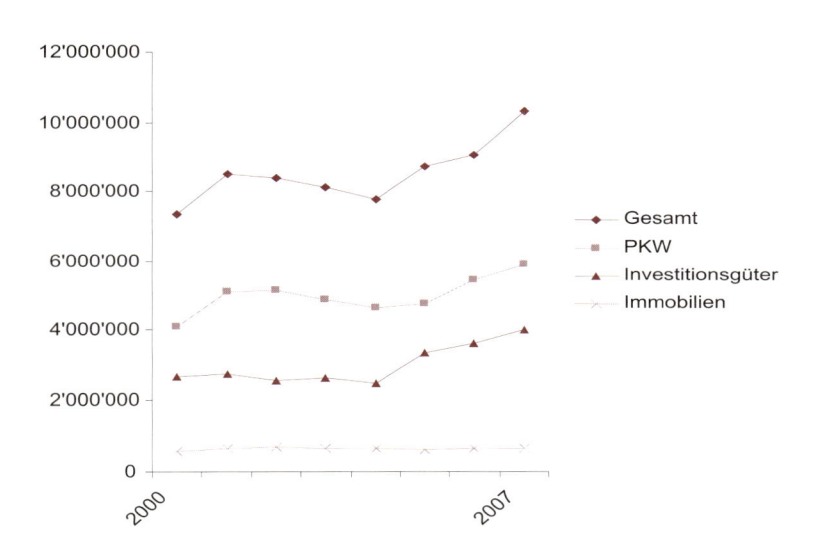

Abb. 2: Entwicklung des Neugeschäftes der Mitglieder des Schweizerischen Leasingverbandes 2000–2007 (in Tausend Schweizer Franken)

Anzumerken ist, dass der Leasingverband etwa 80-90 Prozent des Marktes abbildet. Das Volumen aller abgeschlossenen Verträge übersteigt demnach die 20-Milliarden-Marke erheblich.

BEDEUTUNG DES LEASINGS WÄCHST SEIT JAHREN

Heute ist die volkswirtschaftliche Bedeutung des Leasings in der Schweiz hoch, wenn auch immer noch deutlich geringer als in den angrenzenden Ländern. Dies liegt zum einen an der Grösse der Unternehmen: Zumeist sind Unternehmen in der Schweiz deutlich kleiner als im umliegenden Europa. Zum anderen ist die finanzielle Ausstattung mit Eigenmitteln bei den meisten Schweizer Firmen gut, der Anteil an Fremdkapital ist traditionell eher niedrig.

Die sogenannte Leasingquote, die den Anteil des Leasings an den gesamten Ausrüstungsinvestitionen angibt, betrug in der Schweiz 2006 rund zwölf Prozent. Das ist nur etwa halb soviel wie in Deutschland. Allerdings wuchs in der Schweiz das Investitionsgüterleasing im Jahre 2005 um über zwanzig Prozent und in den Jahren 2006 und 2007 um über zehn Prozent. Das Immobilienleasing stagnierte einige Zeit nach dem Immobiliencrash An-

Abb. 3: Geschäftsvolumen der Mitglieder des Schweizer Leasingverbandes im Jahr 2007 (in Milliarden Schweizer Franken)

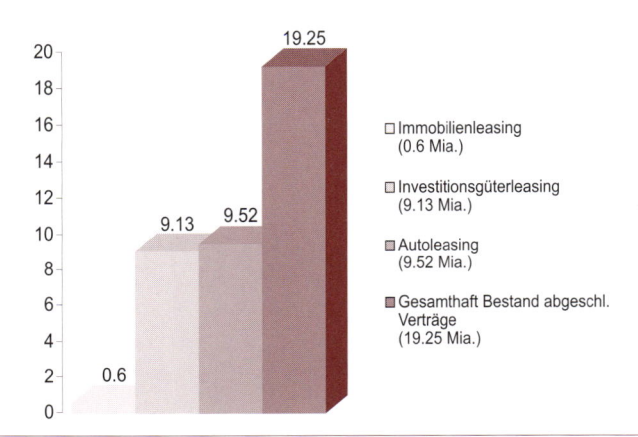

- Immobilienleasing (0.6 Mia.): 0.6
- Investitionsgüterleasing (9.13 Mia.): 9.13
- Autoleasing (9.52 Mia.): 9.52
- Gesamthaft Bestand abgeschl. Verträge (19.25 Mia.): 19.25

fang/Mitte der Neunzigerjahre des letzten Jahrhunderts. Heute drängen auch ausländische Anbieter auf den Schweizer Markt, der nach allgemeiner Ansicht noch ein grosses Potential bietet. Jedenfalls zeigen die umliegenden Länder erheblich höhere Leasingquoten an Bauinvestitionen. Währenddem die Leasingfinanzierungen gemessen an den Bauinvestitionen in gewerbliche und industrielle Bauten in der Schweiz im Durchschnitt etwa 2,5 Prozent betragen dürften, liegen diese Werte in Österreich und Deutschland bei über acht resp. über neun Prozent. Viel weiter entwickelt ist dagegen der Schweizer Markt beim Pkw-Leasing. In anderen Ländern ist diese Form der Finanzierung der Mobilität nicht so stark verbreitet.

KONJUNKTURABHÄNGIGKEIT

Beim Leasing gibt es eine prozyklische Tendenz: Je besser die Konjunktur läuft, desto mehr Leasingverträge werden abgeschlossen, weil in dauerhafte Gebrauchsgüter oder aber gerne auch in langlebige Konsumgüter investiert wird.

Ist dagegen Unsicherheit über die künftige Entwicklung der Konjunktur spürbar, sehen die Unternehmen Probleme auf ihren Märkten, gegebenenfalls sogar Überkapazitäten in ihren Betrieben oder fürchten die Arbeitnehmer Lohnkürzungen oder gar einen Stellenverlust, so drückt dies sehr schnell sowohl auf die Zahl neu abgeschlossener Leasingverträge als auch auf den Durchschnittswert der verleasten Güter.

Ideal für Leasing sind Zeiten mit tiefen, aber tendenziell steigenden Zinsen. Leasingverträge laufen in der Regel über mehrere Jahre, um die Refinanzierung für den Leasinggeber problemlos zu ermöglichen. Entsprechend sind bei langfristigen Verträgen die niedrigen Zinsen fixiert.

....
Ideal für Leasing sind Zeiten mit tiefen, aber tendenziell steigenden Zinsen. Beim Flottenleasing sehen die Experten in der Zukunft noch einigen Spielraum für weiteres Wachstum.
....

Bei tendenziell sinkenden Zinsen wird der Leasingnehmer versuchen, eine kürzere Vertragslaufzeit zu vereinbaren, um vom erwarteten Zinsrückgang zu profitieren.

GUTE PROGNOSE FÜR DIE LEASINGBRANCHE

Die Aussichten für die Zukunft der Leasingbranche in der Schweiz sind durchweg positiv. Zwar ist es denkbar, dass im Konsumentenbereich allmählich ein gewisser Sättigungsgrad erreicht wird, doch die oben vorgestellten Leasingquoten an Investitionen in bewegliche und unbewegliche Investitionsgüter sind noch weit unter dem europäischen Durchschnitt. Beim Flottenleasing sehen ebenfalls alle Auguren ein Aufholpotenzial. Für Nachfrage dürfte also noch lange gesorgt sein.

LENK BERGBAHNEN

Fallstudie Investitionsgüterleasing

Die Fusion von fünf mittleren und kleineren Bergbahngesellschaften zur Genossenschaft Lenk Bergbahnen im Jahr 2003 sollte etwas in der Region Lenk bewegen. «Wir haben den Anspruch, als freundlichste Bergbahn mit den besten Preisen zu gelten», sagt Hans-Ulrich Schläppi, Geschäftsführer der Lenk Bergbahnen. «Wir sorgen durch einen gut funktionierenden Betrieb dafür, dass die regionale Kultur erhalten bleibt und die Lenk sich treu bleiben darf.» Die Bergbahnen sind ein wichtiger Wirtschaftsfaktor, denn würde es sie nicht geben, kämen all die Gäste nicht in die Region, was Auswirkungen auf das heimische Gewerbe, die Hotellerie, Gastronomie und nicht zuletzt auf die Preise der Ferienimmobilien hätte. Die Rechnung scheint aufgegangen zu sein, denn die Lenk Bergbahnen zählen zu den Top Ten der Bergbahnen in der Schweiz.

WACHSTUMSPOTENZIAL DANK INVESTITIONEN

Bereits zu Beginn stand fest, dass der Erfolg an die richtigen Investitionen geknüpft sein würde. Es wurden Beschneiungsanlagen angeschafft, welche seither eine witterungsunabhängige Wintersaison garantieren. Aber was nützen die schönsten Schneehänge, wenn man nicht komfortabel dorthin kommt? Bereits im Jahr 2004 wurde darum in eine erste Transportanlage investiert.

Bei Leasing wird weniger Eigenkapital benötigt, die Zinsen können zudem niedriger als bei einem Bankdarlehen sein und ebenfalls über die ganze Vertragsdauer garantiert werden.

Wurde früher die Fremdfinanzierung der Anlagen mittels Hypotheken gewährleistet, stand nun erstmals die

KURZPROFIL UNTERNEHMEN

- *Branche*
  Personentransport
- *Gründung*
  2003 durch Fusion
- *Umsatz*
  12.5 Millionen Franken
- *Mitarbeitende*
  120 Winter, 30 Sommer
- *Standort*
  Lenk im Simmental

Frage nach einer Finanzierung durch Leasing im Raum. «Wir haben herausgefunden, dass diese Finanzierungsart wesentliche Vorteile für uns bietet», sagt Hans-Ulrich Schläppi. «Es wird unter Umständen weniger Eigenkapital benötigt, die Zinsen können zudem niedriger als bei einem Bankdarlehen sein und ebenfalls über die ganze Vertragsdauer garantiert werden.» Weil der Umsatz der Bahnen starken saisonalen Schwankungen unterliegt, ist die Fälligkeit der Leasingraten darauf abgestimmt. Die Erfahrungen der Lenk Bergbahnen waren so gut, dass im Jahr 2006 bereits eine zweite Bahn mit Leasing finanziert worden ist.

VERTRAUEN ZÄHLT

Der Auswahl der Leasinggeberin ging eine Offertrunde bei fünf Anbietern voraus, welche gut miteinander vergleichbar waren. Der Entscheid, mit der UBS Leasing AG zusammenzuarbeiten, beruhte auch auf dem Vertrauen, das die Geschäftsführung über viele Jahre zu ihrer Hausbank entwickelt hatte.

- - -

Früher wurden die Anlagen durch Hypotheken fremdfinanziert. Jetzt hat man sich für Leasing entschieden, weil diese Finanzierung eine Reihe von Vorteilen für das Unternehmen hat.

- - -

«Für uns war ausschlaggebend, dass wir eine Leasingpartnerin zur Seite

LEASINGLÖSUNG
- *Form des Leasings:* Finanzierungsleasing
- *Laufzeit:* 5 Jahre
- *Garantien:* Fixer Zins Fixer Restkaufwert
- *Involvierte Parteien intern:* Geschäftsführung und Verwaltungsrat
- *Involvierte Parteien extern:* UBS Leasing AG ab Zusage

haben, die uns kennt. So haben wir die Gewähr, dass wir im Falle einer schlechten Saison von ihr im Finden einer Lösung unterstützt werden.» Trotz der gewählten Laufzeit von fünf Jahren besteht grundsätzlich die Möglichkeit, dass die Lenk Bergbahnen die Option haben, die Leasingdauer zu verändern.

VARIABLE LEASINGDAUER SORGT FÜR FLEXIBILITÄT

«Wir haben sehr bewusst eine derart unüblich kurze Laufzeit gewählt», betont Hans-Ulrich Schläppi. «Das gibt uns einen selbst auferlegten, strengen finanziellen Rahmen und führt dazu, dass wir nicht in Versuchung geraten, irgendwelche anderen Sachen zu finanzieren, die gar nicht drin liegen.» Nach dieser ersten Investitionsrunde im Raum Lenk ist für die Bergbahnen vorerst nämlich eine Konsolidierungsphase bis ins Jahr 2011 angesagt, dann erst sollen weitere grössere Investitionen erfolgen.

PARTIELLES LEASING

Nun war es allerdings nicht so, dass die UBS Leasing AG die beiden Anlagen vollumfänglich finanziert hätte. Für Gebäude, Fundamente und die Pfeiler waren die Lenk Bergbahnen selbst zuständig. «Geleaste Objekte müssen grundsätzlich mobil sein, damit sie für die Leasinggeberin verwertbar sind», stellt Schläppi fest. Deshalb wurden nur die elektromechanischen Anlagen durch Leasing finanziert. Deren Anteil an der Gesamtsumme von etwa 18 Millionen Franken macht immerhin zwei Drittel aus. Schon im Frühjahr 2008 ist die letzte Leasingrate der ersten Anlage bezahlt; es bleibt nur noch eine kleine Restwertzahlung, die 2009 fällig wird.

«Für uns ist zudem interessant, dass wir die gesamten Anlagen sofort in unseren Büchern aktiviert haben, während die Leasingschuld dem langfristigen Fremdkapital zugeschlagen wurde», sagt Schläppi. Die Bahnen werden jeweils in zwölf Jahren abgeschrieben, wobei sie gut und gerne eine Lebensdauer von 25 bis 30 Jahren aufweisen. Dies ist für das wirtschaftliche Überleben der Gesellschaft unbedingt notwendig.

INTERVIEW

Hans-Ulrich Schläppi
Geschäftsführer Lenk Bergbahnen

Welches sind die wichtigsten Erkenntnisse, die Sie im Leasingprozess gewonnen haben?

Leasing ist ein verhältnismässig günstiges Instrument, um an Investitionen heranzugehen.

Hätten wir stattdessen wie viele andere eine Kapitalerhöhung gemacht, käme uns dies teurer zu stehen, da ja auch unsere Genossenschafter gelegentlich ihren «Return on Investment» verlangen. Mit der Leasinglösung hingegen sind wir weniger unter Druck, was wir sehr schätzen.

Wie sehen Sie für Ihren Betrieb die zukünftige Bedeutung des Leasings?

Sicher weiterhin als interessantes Finanzierungsinstrument. Ein laufendes Leasing können wir so im Rahmen eines fünfjährigen Finanzplans fix einkalkulieren, was die Planung erheblich erleichtert. So stehen die Chancen gut, dass die Entwicklung mit der aus heutiger Sicht noch nicht so klar definierbaren nächsten Fünfjahresetappe ab 2011 kompatibel sein wird.

Welche Tipps geben Sie angehenden Leasingnehmern auf den Weg?

Ich empfehle, eine Leasingfinanzierung in jedem Fall zu prüfen und dabei von allen in Frage kommenden Anbietern eine Offerte einzuholen.

Fallstudien

BRUHIN & DIETHELM AG

Fallstudie Investitionsgüterleasing

Mit dem Thema Leasing hat sich die 1989 gegründete Bruhin & Diethelm AG schon früh in der Unternehmensgeschichte auseinandergesetzt. Bereits 1991 wurde zum ersten Mal eine Anlage über Leasing finanziert, um langfristig eine ausreichende Liquidität sicher zu stellen.

Das Unternehmen stellt im Schichtbetrieb Maschinenteile für den Maschinenbau her. Als eine von wenigen Firmen in der Schweiz ist Bruhin & Diethelm in der Lage, Langteile in besonders grossen, hoch spezialisierten Anlagen zu fertigen.

KURZPROFIL UNTERNEHMEN

- *Branche/Tätigkeit*
  Maschinenbau
- *Gründung*
  1989
- *Umsatz*
  11 Millionen Franken
- *Mitarbeitende*
  über 40
- *Standorte*
  Wangen SZ

*Liquidität für das Kerngeschäft einsetzen.
Siehe Seite 13*

AUF EXPANSIONSKURS

«Mit der steigenden Nachfrage durch unsere Kunden sind auch wir kontinuierlich gewachsen», sagt Verwaltungsratspräsident Hanspeter Diethelm. «Wir haben uns stets nach ihren Bedürfnissen gerichtet und nach und nach unsere Firma ausgebaut.» In der Anfangphase des Unternehmens vor knapp zwanzig Jahren waren nur vier Mitarbeiter beschäftigt; heute sind es mehr als zehnmal so viele, darunter zwölf Lehrlinge. «In Wangen sind wir zu einem wichtigen Wirtschaftsfaktor geworden», sagt Diethelm mit Stolz. Im Mai 2008 ist das bisher für das Unternehmen grösste Leasinggeschäft über die Bühne gegangen: Um auch künftig den Kunden die gewünschten Teile liefern zu können, ist eine riesige Portalfräsmaschine angeschafft worden, die mehr als zwei Millionen Franken kostet. «Für eine Investition in dieser Grössenordnung haben wir eine Finanzierung mit Leasing gewählt, weil wir unsere Liquidität für das weitere Wachstum einsetzen und nicht blockieren wollen», sagt er. Die Maschine wurde von der Zürcher Kantonalbank zu 100 Prozent durch Leasing finanziert. Während der Leasingdauer von sechs Jahren werden Zinsen und Amortisationskosten in monatlichen Raten geleistet.

In der Entscheidungsphase hat sich das Unternehmen durch seinen Treuhänder beraten lassen, da es neben der grossen Investition in die neue Maschine auch noch gleich einen zwölf Millionen Franken-Bau am neuen Standort realisiert hat.

> Wir haben eine Finanzierung mit Leasing gewählt, weil wir unsere Liquidität für das weitere Wachstum einsetzen und nicht blockieren wollten.

Das ganze Unternehmen siedelte in einen wesentlich grösseren Neubau ganz in der Nähe des angestammten Standortes um. Durch das Wachstum war Bruhin & Diethelm am alten Ort förmlich aus allen Nähten geplatzt. «Da hiess es gut rechnen, um den finanziellen Überblick zu bewahren», sagt Diethelm.

STEUERLICHE ASPEKTE

Obschon eine derartige Maschine eine Lebensdauer von etwa zwanzig Jahren hat, kann sie im Kanton Schwyz auf einmal abgeschrieben werden. Trotz einer Finanzierung durch Leasing ist es möglich, Investitionsgüter bei Bedarf sofort in der Buchhaltung zu aktivieren und noch im selben Jahr wieder abzuschreiben. Portalfräsmaschinen sind kein Produkt von der Stange, und entsprechend lange liefen die Vorbereitungen des Leasings. Bereits zum Zeitpunkt der Bestellung bei einem spanischen Hersteller im Dezember 2006 wurde durch die Bank eine Anzahlung von einem Drittel geleistet. Aber erst wenn die Anlage geliefert ist, beginnt für Bruhin & Diethelm das eigentliche Leasing. In der Zwischenzeit wurden auf das bereits vorfinanzierte Kapital keine Zinsen fällig.

Die Bruhin & Diethelm AG war früher Kundin bei zwei anderen Leasinggesellschaften, die ebenfalls für eine Finanzierung angefragt wurden. «Der Vergleich der Offerten war für uns recht einfach,» sagt Diethelm. «Es gab gar keine so grossen Unterschiede.» Man entschied sich für den bereits bestehenden Bankpartner, da er unter dem Strich das günstigste Angebot machte. «Für die Bank sind wir ja nicht gerade uninteressant.» Auf der einen Seite stand das Leasing, auf der anderen die Finanzierung des Umlaufvermögens sowie des Neubaus. «Das ist ein recht umfangreiches Volumen und die Grundlage für eine gute, vertrauensvolle Zusammenarbeit.»

Die Offertphase sowie auch die anschliessende Abwicklung waren einfach und unkompliziert.

LANGJÄHRIGE ZUSAMMENARBEIT IST VON VORTEIL

Aufgrund der bereits engen Zusammenarbeit und der damit über mehrere Jahre aufgebauten Partnerschaft musste Hanspeter Diethelm seinem

Fallstudien

> ### LEASINGLÖSUNG
> - *Form des Leasings*
>   Finanzierungsleasing
> - *Laufzeit*
>   6 Jahre
> - *Garantien*
>   Fixer Zins
> - *Involvierte Parteien intern*
>   Geschäftsführung und Verwaltungsrat
> - *Involvierte Parteien extern*
>   Treuhänder

Auswirkung auf die Bilanz. Siehe Seite 78

Firmenkundenbetreuer nicht noch das Geschäftsmodell des Unternehmens oder den aktuellen Geschäftsgang erläutern. Vom Einreichen von Bilanz und Erfolgsrechnung ganz zu schweigen, denn die waren der Bank bestens bekannt. Der Vorteil: Es ging keine Zeit mit der Analyse von Bruhin & Diethelm verloren. Die Offerte folgte denn auch schnell und zeigte transparent, wie sich die angebotene Leasingrate zusammensetzt.

Aufgrund der Nähe zu seinem Kunden war dem Bankbetreuer schnell klar, dass die Investition in diese imposante Maschine Sinn macht und sich rechnet.

GRUNDLAGE DER ARBEIT

Deutlich wurde auch, dass sie für die weitere strategische Entwicklung des Unternehmens und zur Realisierung des geplanten Wachstums sogar notwendig ist. Diethelm sieht in der speditiven Abwicklung einen grossen Vorteil der Zusammenarbeit mit seiner Bank. Die schon bestehende und für beide Seiten vorteilhafte Partnerschaft konnte mit dem Abschluss des Leasinggeschäftes auch noch ausgebaut und verstärkt werden.

Hanspeter Diethelm spürte denn auch deutlich das Engagement seines Bankbetreuers und dass dieser am Abschluss des Leasinggeschäftes sehr interessiert war.

....
Mit Leasing kommt man schneller zum Ziel, weil Betriebsinvestitionen nicht über Jahre «angespart» werden müssen. Das hilft dem Wachstum des Unternehmens.
....

Das Vertrauen und die Unterstützung waren für den Abschluss des Leasingvertrags eine wesentliche Voraussetzung. Denn wie immer wenn es um enge geschäftliche Beziehungen geht, sind Konditionen das Eine, die Unterstützung der eigenen Pläne die andere Sache.

WACHSTUM DURCH LEASING: RASCH UND NACHHALTIG

«Insgesamt war das eine tolle Sache», sagt Diethelm, «genau so stelle ich mir die Zusammenarbeit mit meinem Bankpartner vor.» Das Unternehmen soll wachsen und sich weiterentwickeln. Die Bank begleitet es auf diesem Weg und steht ihm mit Rat und Tat zur Seite. Für immer mehr Unternehmen in der Schweiz hat die Finanzierung von Maschinen durch Leasing in den vergangenen Jahren an Bedeutung gewonnen. Vor allem in Zeiten hohen Wirtschaftswachstums, in denen Firmen zum Beispiel in eine Erweiterung ihrer Kapazität investieren müssen, ist das Leasing von grosser Bedeutung. Bei einem solch raschen Ausbau sind in den meisten Unternehmen die Eigenmittel kaum vorhanden, das Investitionsvolumen selbst zu tätigen. Die Liquidität wird in solchen Boomphasen, in denen sich die Schweiz in den Jahren 2007 und auch 2008 noch befindet, in den Firmen meist auch noch für andere Zwecke benötigt. Unternehmen, die es schaffen, in solchen Aufschwungphasen ihre Produktionskapazität zu steigern, haben die besseren Chancen.

INTERVIEW

Hanspeter Diethelm
Verwaltungsratspräsident der Bruhin & Diethelm AG

Welches sind die wichtigsten Erkenntnisse, die Sie bei den Leasingverhandlungen gewonnen haben?
Mit Leasing kommt man viel schneller zum Ziel. Stellen Sie sich vor, dass Sie eine Betriebsinvestition von über zwei Millionen Franken über die Jahre «zusammensparen» müssen. Bis Sie das nötige Kapital zusammen haben, dauert es viel länger, weil Sie das gesparte Kapital auch noch versteuern müssen. Wenn Sie gleichzeitig das Wachstum des Unternehmens finanzieren wollen, steigt der Liquiditätsbedarf rasch sehr stark an. Leasing eignet sich einfach sehr gut zur Schonung der Liquidität.

Wie sehen Sie für Ihr Unternehmen die Bedeutung des Leasings in der Zukunft?
Wir werden Leasing bestimmt immer wieder als Finanzierungsinstrument prüfen. Im Moment werden wir aber eher eine Konsolidierungsphase einschalten. Wir sind seit 19 Jahren ununterbrochen gewachsen, irgendwann ist es sinnvoll, einen Marschhalt einzulegen.

Welche Tipps können Sie angehenden Leasingnehmern mit auf den Weg geben?
Mein Rat isr relativ einfach: Vergleichen Sie verschiedene Offerten. Schauen Sie aber nicht nur auf die Zahlen.
Aber letztlich zählen das Vertrauen und die Offenheit zwischen Leasinggeber und Leasingnehmer. Sie entscheiden über den Erfolg oder Misserfolg der Leasing-Partnerschaft.

Fallstudien

STELLA BRANDENBERGER TRANSPORTE AG

Fallstudie Immobilienleasing

Bescheiden begann die Firmengeschichte, als Eduard Brandenberger im Jahre 1953 seine Einzelfirma Stella Brandenberger Autotransporte mit gerade einem einzigen Lastwagen gründete. Der Eintritt der zweiten Generation brachte neue Visionen und Strategien mit sich und führte zu einem stetigen Wachstum. Heute verfügt die Firma über sechzig schwere Transportfahrzeuge und mehr als hundertfünfzig nicht motorisierte Fahrzeuge für den Containertransport. Mit dem florierenden Unternehmen wuchs natürlich auch der Platzbedarf. «Wir sind buchstäblich aus unserer eigenen Infrastruktur herausgewachsen», sagt Marco Brandenberger, der den Familienbetrieb heute als Vertreter der dritten Generation zusammen mit seinen Eltern und seinem Onkel führt.

DER LOTTO-SECHSER

Seit nunmehr siebzehn Jahren befindet sich die Stella Brandenberger Transporte AG auf dem Erlenmattareal in Basel, das zum Gelände des alten Badischen Bahnhofs gehört. Durch das rasante Wachstum kam es zu einer wenig effizienten räumlichen Verzettelung zwischen Büro, Lager, Nutzfahrzeuggarage und Fuhrpark. Zum Handeln gezwungen wurden die Brandenbergers durch den Umstand, dass ihre Anlagen einer geplanten Überbauung weichen müssen und das Unternehmen auf Ende 2008 die Kündigung erhalten hat. Man machte also eine Analyse der Situation und kam zum Schluss, dass ein Umzug mit einer deutlichen Verbesserung der räumlichen Infrastruktur verbunden sein muss. Es stellte sich die Frage nach dem optimalen Standort. Seit der Einführung der neuen Leistungsabhängigen Schwerverkehrsabgabe LSVA im Jahr 2001 zählt jeder zu-

KURZPROFIL UNTERNEHMEN

- *Branche/Tätigkeit*
  Transportunternehmen
- *Gründung*
  1953 als Einzelfirma durch Eduard Brandenberger sen.
  1983 Gründung der Aktiengesellschaft
- *Umsatz*
  15 Millionen Franken
- *Mitarbeitende*
  85
- *Standorte*
  Hauptsitz in Basel,
  Zweigniederlassung in Niederglatt

viel gefahrene Kilometer doppelt. Deshalb sind eine zentrale Lage und die Nähe zu einem Autobahnanschluss die beiden wichtigsten Kriterien.

Zufälle gibt's bekanntlich keine im Leben, darum spricht Marco Brandenberger mit leuchtenden Augen von einem veritablen «Lotto-Sechser». Durch einen früheren Arbeitskollegen erfuhr er nämlich, dass auf dem Gebiet der Schweizer Rheinsalinen in Pratteln noch gerade 11 000 m² Bauland zum Verkauf stünden. Idealer hätte es nicht kommen können: Der Preis stimmte, es waren keine Auflagen zu erfüllen, sogar ein eigener Autobahnanschluss in unmittelbarer Nähe stand zur Verfügung.

GRÖSSER BAUEN DANK IMMOBILIENLEASING

Die ersten Gespräche mit den Rheinsalinen fanden im Februar 2006 statt. Es stellte sich heraus, dass die Verkäuferin noch einige Vorarbeiten und Abklärungen betreffend Bodenbeschaffenheit und Senkungsrisiken zu treffen hatte, bevor der Verkauf über die Bühne gehen konnte.

Für die Firma Brandenberger war es ein glücklicher Umstand, dass die Rheinsalinen ihr darum eine vorerst mündliche Reservation zugestand, bis die Finanzierung gesichert war. Ein verfrühter Vorvertrag verbunden mit einer nachträglichen Absage hätte zum Verlust der Reservationsgebühr führen können, die pro Quartal immerhin 66 000 Franken betrug.

Natürlich wollten die Brandenbergers den Neubau gleich von Anfang richtig angehen und planten, alles unter einem Dach anzusiedeln: Die Räume für Administration und Geschäftsleitung, das Lager, ein Grossteil des Fuhrparks sowie eine eigene Nutzfahrzeuggarage sollten Platz darin finden. Die daraus resultierenden Anlagekosten von rund 15 Millionen Franken überstiegen die finanziellen Kapazitäten der Firma bei weitem. «Sie müssen sich vorstellen, dass wir als Familienunternehmen unser Geld in der Firma gebunden haben», sagt Marco Brandenberger. Bei einer herkömmlichen Finanzierung einer Geschäftsliegenschaft durch Hypotheken werden 50 Prozent Eigenmittel verlangt. Woher aber 7.5 Millionen Franken nehmen? «Wir hätten darum viel kleiner bauen müssen.»

Man wollte sich schon mit der Hausbank zusammensetzen, um über eine Mezzanine-Finanzierung zu diskutieren, als ein Berater plötzlich das Thema Immobilienleasing auf den Tisch brachte. «Obwohl ich selber aus der Finanzbranche stamme und früher als Börsenhändler tätig war, muss ich gestehen, dass ich davon noch nie gehört hatte», sagt er. «Fahrzeugleasing ja, aber ein Leasing für Immobilien?» Nun war es nicht so, dass man für diese Finanzierungsform von Anfang an ausschliesslich die CS in Betracht zog. Es wurden Offerten weiterer Anbieter eingeholt, wobei es sich ausschliesslich um ausländische Leasingfirmen

Mehr Chancen für Familienunternehmen und KMU. Siehe Seite 79

> **LEASINGLÖSUNG**
> - *Form des Leasings*
>   Immobilienleasing
> - *Laufzeit*
>   20 Jahre
> - *Garantien*
>   Fixer Zins auf 20 Jahre
>   Fixer Restkaufwert
>   Möglichkeit der Übernahme durch die Leasingnehmerin
> - *Involvierte Parteien intern*
>   vierköpfige Geschäftsleitung
> - *Involvierte Parteien extern*
>   Treuhandfirma kontrollierte das gesamte Vertragswerk.

Immobilienleasing. Siehe Seite 58

handelte. Die übrigen Angebote waren durchaus sehenswert, jedoch war für Brandenbergers ausschlaggebend, dass sie es mit einem lokalen Partner zu tun haben wollten. «Wir verdienen unser Geld in der Schweiz, fast wie ein Quartierladen, also wollen wir auch etwas zurückgeben. Zudem sind uns der direkte Kontakt und die Betreuung sehr wichtig», sagt Brandenberger. «Nicht zuletzt kennen wir die Bank seit Jahrzehnten und haben grosses gegenseitiges Vertrauen.»

«Dann hatten wir gleich noch einen weiteren Lotto-Sechser. Wir hatten nämlich das Glück, dass eine befreundete Familie kurz vorher für ihren Betrieb einen Geschäftsbau im Bereich Logistik und Handel erstellt hatte, der unseren Bedürfnissen sehr nahe kam», sagt er. So konnte das Unternehmen gleich einen reellen Prototypen und einen sehr konkreten Kostenvoranschlag einbringen, was die Verhandlungen mit der Bank bestimmt beschleunigt hat.

LANGFRISTIGE BINDUNG

Aufgrund des Zeitdrucks wegen des geplanten Umzugs musste mit der Schweizer Rheinsalinen so bald als möglich ein Vorvertrag abgeschlossen werden. Das Timing war knapp: Erst wenige Tage vor der Unterzeichnung im Januar 2007 waren sich Brandenbergers und die CS über die Konditionen einig. Die Bank ging dabei ein gewisses Risiko ein, da sie bereits die Reservationsgebühr vorfinanzierte, ohne als Eigentümerin im Grundbuch eingetragen zu sein, was erst dreiviertel Jahr später bei Unterzeichnung des eigentlichen Kaufvertrags der Fall war. Sogar der Baubeginn erfolgte vorher, um die Zeit effizient zu nutzen. «Wir bekamen sozusagen einen Blankokredit ohne Sicherheiten», erzählt Brandenberger.

LANGFRISTIGE PERSPEKTIVE ZAHLT SICH AUS

Ein Immobilienleasing wird mit einem wesentlich langfristigeren Horizont abgeschlossen als andere Leasingarten. So wurde ein Vertrag mit einer Laufzeit über zwanzig Jahre vereinbart. Die offerierten Leasingkonditionen stimmten gleich auf Anhieb, sodass gar nicht erst lange verhandelt wurde. Als Basis diente ein fixer 20-jähriger SWAP-Satz von 3.1 Prozent, dazu kommt die Marge der Leasinggeberin. Nach Ablauf der Leasingdauer von 20 Jahren bestehen drei Möglichkeiten: Die Stella Brandenberger Transporte AG hat das alleinige Recht, die Immobilie zu einem bereits heute fixierten Restkaufpreis zu übernehmen, der summa summarum dem heutigen Landwert entspricht.

Dabei muss die Firma bei der Hausbank oder einer anderen eine neue, konventionelle Finanzierung auf die Beine stellen. Ebenso kann bei der CS ein Antrag zur Verlängerung des Leasings eingereicht werden, wobei diese Dauer maximal zehn Jahre betragen wird und die Konditionen neu ausgehandelt werden müssen. Die letzte Variante ist die Rückgabe des Objekts an die Leasingfirma. «Das ist zwar eine Möglichkeit, das wird jedoch wohl kaum in Frage kommen», sagt Marco Brandenberger lachend.

INTERVIEW

Marco Brandenberger
Mitglied der Geschäftsleitung Stella Brandenberger AG

Welches sind die wichtigsten Erkenntnisse, die Sie während der Leasingverhandlungen gewonnen haben?

Ich bin zur Überzeugung gelangt, dass ein Immobilienleasing für einen gut laufenden KMU-Betrieb völlig neue Möglichkeiten schafft, an Bauprojekte heranzugehen. Durch dieses Instrument können wesentlich grössere Projekte ins Auge gefasst werden als mit herkömmlichen Finanzierungslösungen.

Wie sehen Sie für Ihre Firma die zukünftige Bedeutung des Leasings?

Im Hinblick auf unser Leasingengagement in den nächsten zwanzig Jahren ist dieses Thema wichtig. Auch im Zusammenhang mit der Erneuerung unserer Fahrzeugflotte werden wir ein Finanzierungsleasing in Betracht ziehen.

Welche Tipps geben Sie angehenden Leasingnehmern auf den Weg?

Ich empfehle zuerst das gesamte Projekt detailliert zu klären, allenfalls sogar schon eine Baueingabe zu machen, bevor irgendwelche Kauf- oder Vorverträge abgeschlossen werden. Das schont garantiert die Nerven.

AXIMA

Fallstudie Energiespar-Contracting Leasing

Fast 100 000 Franken Einsparung an Energiekosten pro Jahr. Welches Unternehmen wünscht sich das nicht für seinen Betrieb? Für das Dianabad in Wien ist das ab diesem Jahr Realität. Das Erlebnisbad kann sich über eine wesentliche Reduktion seiner Kosten freuen.

Zu verdanken ist es der Zusammenarbeit mit der Axima-Gebäudetechnik, einem der führenden europäischen Anbieter im Bereich des Energiespar-Contractings.

Besonders interessant ist das Angebot des Contractings in der Kombination mit einer Finanzierung durch Leasing. Dieses neue Modell, bei dem eine Leasinggesellschaft die Energietechnikanlage verleast, ist in der Schweiz bisher noch nicht zum Zuge gekommen, mit grossem Erfolg aber bereits in Österreich praktiziert worden.

Axima ist ursprünglich eine Tochter des Schweizer Sulzer Konzerns und wurde 2001 von Sulzer Infra an den Suez-Konzern verkauft. Die Gebäudetechnik ist einer der Kernbereiche des weltweit agierenden Energieanlagenkonzerns. Unter dem Firmennamen Axima entwickeln und managen heute 18 Unternehmen neue Konzepte in den Bereichen der Gebäude- und Anlagentechnik.

KURZPROFIL UNTERNEHMEN

- *Branche/Tätigkeit*
  Axima bietet Gesamtlösungen im Bereich Heizung, Lüftung, Klima, Kälte, Sanitär, MSRL, Energie- und Elektrotechnik, Telematik sowie industrielle Medien.

- *Geschichte*
  Gründung durch Sulzer, Verkauf 2001 durch Sulzer an die Suez-Gruppe, dem weltweit operierenden Anbieter von Anlagen für Energietechnik.

- *Standorte*
  30 in der ganzen Schweiz. Hauptsitz: in Zürich. Niederlassungen in verschiedenen europäischen Ländern.

ENERGIE-CONTRACTING ALS WACHSTUMSMARKT

Etwa 80 Prozent der unternehmerischen Tätigkeit entfällt auf den Anlagenbau, der zu einem Drittel von den Tochtergesellschaften in Zentraleuropa abgewickelt wird. Die restlichen 20 Prozent der Axima-Aktivitäten fallen in das Dienstleistungspaket rund um

Fallstudien

das Thema Gebäude- und Anlagentechnik: Serviceaufträge wie Störungen beheben, Reparaturen, Wartungen, Modernisierungen und die Aufgaben des Facility Managements. Dazu gehört auch der Bereich des Energiespar-Contractings, eine der interessantesten neuen Entwicklungen. Heinz Mihatsch, Leiter des Energie- und Gebäudemanagements in der Holdingzentrale von Axima in Wien, misst ihm in der Zukunft eine grosse Bedeutung bei. Weil Energie immer teurer wird, suchen Unternehmen verstärkt nach Möglichkeiten, ihre Energiekosten zu reduzieren. Das Energiespar-Contracting bietet sich durch sein grosses Potenzial dazu an.

DURCH MODERNE TECHNIK ENERGIEKOSTEN SPAREN

«Durch den Tausch von Kesseln und Pumpen, durch die Modernisierung der Gebäudeleittechnik und durch die Änderung der Beleuchtung erzielen wir beträchtliche Einsparungen bei den Energiekosten, was Wärme, Strom und Wasser betrifft», sagt Mihatsch. So können etwa die Betreiber der Therme Oberlaa in Wien knapp 80 000 Franken oder Nestlé Österreich fast 60 000 Franken pro Jahr sparen. Das Umsatzwachstum liegt bei jährlich zehn Prozent mit exzellenten Aussichten. «Vor allem das Energiespar-Contracting ist ein zukunftsorientierter Geschäftsbereich», sagt Mihatsch.

Das Energiespar-Contracting ist ein komplexes Geschäft. «Wir steigen bereits in der Planungsphase ein und begleiten die Arbeitsschritte bis zur Abnahme durch den Kunden und die Behörden», sagt Mihatsch.

> **LEASINGLÖSUNG**
> - *Leasinggeber*
>   Österreichische Muttergesellschaft der Schweizer AIL Swiss-Austria Leasing AG
> - *Leasingnehmer*
>   Axima Gebäudetechnik GmbH
> - *Grösster Nutzen*
>   Der Endkunde profitiert von einer liquiditätsschonenden Finanzierung, bei der durch die eingesparten Energiekosten die Leasingzahlungen refinanziert werden. Der Leasingnehmer kann sich auf seine Kernkompetenz konzentrieren, statt sich um Finanzierungslösungen kümmern zu müssen.

Vorteile des Contractings. Siehe Seite 82

• •
Ab dem Jahr 2008 kann das Wiener Dianabad einen beträchtlichen Ausgabenblock für Energie einsparen.
• •

Axima übernimmt dann durch die ganze Lebensdauer die Wartung der Anlage.

Ab dem Jahr 2008 kann das Wiener Dianabad einen beträchtlichen Ausgabenblock einsparen. Axima wurde mit dem Energiespar-Contracting beauftragt, und für die Finanzierung wurde die österreichische Muttergesellschaft der Schweizer AIL Swiss-

Austria Leasing AG gewählt. «Das Projekt Dianabad ist das erste grosse Projekt mit dieser Leasinggesellschaft», sagt Mihatsch.

Das Vorhaben, in dem Vergnügungsbad die Energiekosten zu senken, ist anspruchsvoll, denn behagliche Wärme gehört zum Erfolgsrezept. Einwandfreies Badewasser, angenehme Temperaturen und ein erholsames Raumklima sind hier absolute Notwendigkeiten. «Trotzdem müssen die Kosten möglichst niedrig gehalten werden», sagt er.

INVESTITIONEN WERDEN DURCH EINSPARUNG REFINANZIERT

Mit dem Energiespar-Contracting werden der Energieverbrauch und der Bedarf an Frischwasser durch Modernisierung und Erweiterung der bestehenden Technik optimiert. Dies führt zu einer Senkung des Energieverbrauchs und der damit entstehenden Kosten.

Den Betreibern des Dianabades entstehen trotz der Modernisierung ihrer Anlage keine zusätzlichen Aufwendungen, da die Investitionen über die jährlichen Einsparungen refinanziert werden. Nach einigen Jahren hat sich der Aufwand für die Umrüstung und Modernisierung amortisiert. «Vor dem Energiespar-Contracting lag der Verbrauch des Dianabades für Fernwärme bei 2 836 MWh und für Strom bei 1 914 MWh, also insgesamt bei etwas weniger als 5 000 MWh.

Durch das Contracting werden jetzt jährlich 2 240 MWh eingespart.

****

Durch das Contracting werden jedes Jahr 2 240 MWh Energie gespart, und der Ausstoss des klimaschädlichen Kohlendioxid wird mit Hilfe von Wärmepumpen um fast 300 Tonnen jährlich reduziert.

****

Der Stromverbrauch ist durch den Einsatz der Wärmepumpen um 168.5 MWh gestiegen, aber dadurch konnte der Ausstoss an klimaschädlichen Treibhausgasen beträchtlich reduziert werden. Jetzt gelangen 295,5 Tonnen Kohlendioxid weniger in die Atmosphäre. Das Energiespar-Contracting hilft somit nicht nur die Kosten zu senken. «Es leistet auch einen wertvollen Beitrag zum Umweltschutz», sagt der Fachingenieur des Leasingnehmers.

VORTEIL DER KOSTENNEUTRALEN FINANZIERUNG

Finanziert wird das Energiespar-Contracting in den meisten Fällen durch Eigenmittel des Unternehmens oder durch Fremdkapital, wie etwa eine Hypothek bei einer Bank. In den letzten Jahren ist eine Leasingvariante der Finanzierung entwickelt worden, bei der die Muttergesellschaft der AIL Swiss-Austria Leasing eine wichtige Rolle spielt.

Das Dianabad ist das erste Grossprojekt, das von ihr über das Energiespar-Contracting-Leasing finanziert wird. Die AIL-Mutter ist Eigentümerin sämtlicher beweglicher Teile der Energieanlage des Dianabades und erhält dafür monatliche Leasingraten.

KOMPETENTE BERATER BEI DER LEASINGGESELLSCHAFT

Kontakt zur AIL Swiss-Austria Leasing-Mutter pflegt Axima bereits seit 2005 und hat die Zusammenarbeit sehr geschätzt. Bei der Leasingfinanzierung der Energieanlage war das Unternehmen auf einen verlässlichen Partner angewiesen, der über die Kompetenzen im Finanzbereich verfügt, die das Gebäudetechnikunternehmen selbstverständlich nicht besitzt. «Wir sind keine Bank, wir haben weder das Riskmanagement noch die Infos vom Bankwesen», sagt Mihatsch. «Dieses Know-how hat unser Leasingpartner.» Davon profitiert Axima beim Projekt Dianabad.

Wie so oft im Leben, haben glückliche Konstellationen geholfen, die geschäftliche Partnerschaft zu festigen. Der Kundenbetreuer bei der Leasinggesellschaft kommt selbst aus dem Bereich des Energiespar-Contracting und ist mit der Branche und deren Besonderheiten vertraut. Mit dem Dianabad in Wien ist ein Art Vorzeigeprojekt im Bereich Energie-Contracting Leasing entstanden. Experten bescheinigen ihm einiges Zukunftpotenzial, denn die Contracting-Branche insgesamt ist im Aufwind.

INTERVIEW

Bruno Hagger
Leiter Business Development Axima

Welches sind die wichtigsten Erkenntnisse, die Sie im Laufe des Leasingprozesses gewonnen haben?
Wichtig ist, dem Kunden das Vertrauen zu geben, dass die infrastrukturelle Versorgung, die bis anhin in seinen eigenen Händen lag, durch Spezialisten wie Axima in Verbindung mit Finanzpartnern langfristig die bessere Lösung ist. Wir können ihm zeigen, dass er damit besser fährt.

Wie sehen Sie für Ihre Firma die zukünftige Bedeutung des Leasings?
Die Bedeutung für unser Unternehmen kann nicht hoch genug eingeschätzt werden. Da vielfach Projekte aus Kostengründen nicht realisiert werden, kann Contracting-Leasing ein Weg aus dieser «Kosten-Falle» sein.

Welche Tipps geben Sie angehenden Leasingnehmern auf den Weg?
Man sollte sich überlegen, ob es nicht sinnvoll ist, Spezialisten für Technik und Finanzierung beizuziehen und die eigenen Mittel und Ressourcen für das Kerngeschäft einzusetzen.

Fallstudien

IMPLENIA AG

Fallstudie Flottenleasing

Einheitliches Flottenmanagement spart Kosten. Siehe Seite 68

Nachdem die beiden führenden Schweizer Baukonzerne Batigroup und Zschokke im Jahr 2006 zum heutigen Bauriesen Implenia fusionierten, gab es etliche Prozesse neu zu überdenken. Die Auslagerung der Fahrzeugbewirtschaftung wurde als wichtiges Thema gegen Ende 2007 in Angriff genommen.

Natürlich war Leasing kein völlig neues Thema, denn beide Fusionspartner hatten seit Jahren Erfahrungen damit gemacht, allerdings in sehr unterschiedlicher Ausprägung und Intensität. Nebeneinander existierten diverse Verträge mit mehreren Anbietern in verschiedenen Segmenten wie Nutzfahrzeuge und Personenwagen. Neben dem Full-Service-Leasing gab es reines Finanzleasing und eine ganze Anzahl von Fahrzeugen, welche durch Eigenkauf finanziert worden waren. Ein ziemliches Durcheinander, welches nun auf einen einheitlichen Nenner gebracht werden sollte.

WIRTSCHAFTLICHE GRÜNDE

«Leasing ist letztlich für jede Firma auch eine Philosophiefrage», betont der Flottenverantwortliche Yves Soland. «Viele glauben an die Gleichung Leasing gleich mangelnde Liquidität, was sie als schädlich für das Firmenimage erachten.» Soland kannte diese Berührungsängste nicht, sondern machte sich daran, eine solide Kosten-Nutzen-Analyse aufzustellen. Das Resultat war eine Art Pflichtenheft, welches die Basis für die Offertstellung der angefragten Leasingfirmen bildete. Im Oktober 2007 wurden fünf markenunabhängige Anbieter angeschrieben, welche das Know-how und überhaupt die Möglichkeiten für das Handling einer Flotte in der gewünschten Grössenordnung von zwölfhundert Fahrzeugen mitbrachten. Mitte November lagen die Offerten vor und wurden eingehend geprüft. Bereits per Januar

---

KURZPROFIL UNTERNEHMEN

- *Branche*
  Baudienstleister
- *Gründung*
  2006 durch Fusion der Baufirmen Batigroup und Zschokke
- *Umsatz*
  3 Mrd. Franken
- *Mitarbeitende*
  6000

2008 konnte bereits der Rahmenvertrag für das operative Leasing mit der LeasePlan (Schweiz) AG unterzeichnet werden. Im Vergleich zu anderen Firmen mit einer derartigen Fuhrparkgrösse ging dieser Prozess äusserst zügig über die Bühne, üblicherweise dauert er mindestens ein Jahr. «Da wir ja bereits auf Erfahrungen mit Full-Service-Leasing zurückgreifen konnten und dessen Vorteile bereits kannten, waren wir sicher entscheidungsfähiger als eine Firma, für die das noch völlig neu ist», meint Yves Soland.

> **LEASINGLÖSUNG**
> - *Form des Leasings:*
>   Full-Service-Leasing
> - *Laufleistung*:
>   Max. 200 000 km
> - *Flottengrösse:*
>   1200 Fahrzeuge
> - *Garantien:*
>   Restwert und verschleissbedingte Reparaturen

EIN FRAGE DER TRANSPARENZ

Für jedes der neuen Standardfahrzeuge wurden drei Offerten mit unterschiedlichen Laufzeiten erstellt. Gar nicht so einfach war der Vergleich der verschiedenen Angebote. Obwohl Yves Soland einen umfassenden Kriterienkatalog erstellt hatte, in dem die erwünschten Anforderungen an ein Full-Service-Leasing klar formuliert sowie sämtliche Herstellerangaben zu den Fahrzeugen enthalten waren, stellte sich heraus, dass nicht alle Anbieter die nötige Transparenz an den Tag legen konnten oder wollten. «Die Nachvollziehbarkeit der Berechnungen ist das A und O einer soliden Offerte», betont Soland: «Wie viel kostet die detaillierte Dienstleistung, welche Garantien werden erbracht, wie hoch sind die effektiven Amortisations- und Zinskosten?» Es gab extreme Differenzen zwischen den offerierten Restwerten, die sich auf den zweiten Blick hinter schlechteren Konditionen verbargen. «Eine wahre Knochenarbeit war das.» Soland ist davon überzeugt, dass eine Leasingfirma nur vertrauenswürdig ist, sofern sie ihre Berechnungsparameter offen darlegt.

Ausschlaggebend für die Wahl des jetzigen Leasingpartners war zum Schluss nicht etwa der garantierte Restwert, welcher nach Ablauf der Leasingdauer zum Tragen kommt, sondern die Gewährleistung eines umfassenden Dienstleistungspakets. Das Angebot reichte von einem umfangreichen Reportingsystem bis hin zur laufenden Unterstützung bei den internen Abläufen. Natürlich war der Preis wichtig, doch der vertrauenswürdige Auftritt spielte letztlich die grössere Rolle.

Ein erster Grundsatzentscheid musste allerdings zuerst in der Frage «Leasing oder Eigenfinanzierung?» gefällt werden. Bei der Eigenfinanzierung wäre langfristig viel Kapital gebunden worden. Yves Soland spricht von rund 50 Millionen Franken, was wiederum mit steuerlich interessanten Abschreibungen verbunden gewesen wäre. Das Ziel war herauszufinden, ob die Leasingkosten auf das gleiche Niveau gebracht werden konnten wie die zu erwartenden Gesamtkosten, die während der Lebensdauer eines gekauften Fahrzeuges anfallen.

GROSSER AUFWAND BEIM FAHRZEUGMANAGEMENT

Einen nicht zu unterschätzenden Kostenfaktor stellt bei einer Eigenfinanzierung der Verwaltungsaufwand dar, welcher bei einer solchen Fahrzeugflotte gut und gerne zusätzlich drei Personen beschäftigt, würde er «in-house» durchgeführt. Ein nicht gerade geringer Kostenfaktor, weshalb der springende Punkt für die Wahl eines Full-Service-Leasings denn auch das möglichst unkomplizierte Handling war, welches durch das dazugehörende Fleetreporting-System gewährleistet ist. Yves Soland ist jedoch nach wie vor für die Beschaffung der neuen Fahrzeuge verantwortlich und führt die Verhandlungen mit den Herstellern.

Ebenso werden die Versicherungen selbst abgewickelt, da Implenia eine eigene Versicherungsabteilung mit passender Infrastruktur führt. Die gewählte Leasingleistung umfasst nun neben dem Finanzierungsteil wie Amortisation und Zinskosten zugleich den laufenden Unterhalt wie Reparaturen, Bereifung und Treibstoff. Dadurch ergibt sich eine leichte Budgetierbarkeit, und die Monatsraten pro Fahrzeug können klar auf jeden Arbeitstag pro Baustelle überwälzt und abgerechnet werden. «Dabei spielen die Garantien eine wesentliche Rolle, die uns der Leasinggeber gewährt», betont Soland. «Sie übernimmt das volle Risiko für verschleissbedingte Schäden, die während der achtjährigen Laufzeit an den Autos auftreten und garantiert auch die Rücknahme der Fahrzeuge zum jeweils vereinbarten Restwert.» Natürlich wird die Restwertentwicklung laufend beobachtet, und die Erkenntnisse fliessen in die nachfolgenden Einzelverträge ein.

• •
Bei der Eigenfinanzierung ist der Aufwand der Bewirtschaftung und des Managements des Fahrzeugparks ein nicht zu unterschätzender Kostenfaktor.
• •

«Und nicht zuletzt ist es für unser Firmenimage wichtig, eine neue, gut aussehende Fahrzeugflotte zu halten, was bei einem Leasing problemlos gegeben ist, da die Fahrzeuge nach Ablauf der Leasingdauer laufend ersetzt werden, statt sie wie früher bis zum Schluss zu fahren», sagt Soland. So werden die heute in Betrieb stehenden Fahrzeuge im Laufe der nächsten Jahre nach und nach ausgewechselt. Derzeit ist Soland damit beschäftigt, Ersatzlisten über den gesamten Fahrzeugpark zu erstellen, welche einen nahtlosen Übergang zum neuen Leasingmodell gewährleisten. So ist vorgesehen, dass in den kommenden Jahren jeweils zwischen siebzig und hundert Fahrzeuge ersetzt werden und sich die jährliche «Austauschrate» mit der Zeit auf etwa hundertfünfzig pro Jahr einpendelt.

INTERVIEW

Yves Soland
Flottenverantwortlicher Implenia

Welches sind die wichtigsten Erkenntnisse, die Sie im Laufe des Leasingprozesses gewonnen haben?
Die Zusammenarbeit zwischen unserer Unternehmung und der LeasePlan (Schweiz) AG kann als eine Partnerschaft betrachtet werden.
Es muss Vertrauen vorhanden sein, gleichzeitig aber auch Kontrollmöglichkeiten geben, damit diese Partnerschaft eine solide Basis hat. Dies verlangt eine offene Kommunikation von beiden Seiten und die Teilung des Risikos.

Gibt es Dinge, die in Zukunft noch optimiert werden könnten?
Wir werden die Laufleistung unserer Fahrzeuge überprüfen müssen, da die Fahrzeuge heute teilweise eine Servicegarantie (Gratisservice) von bis zu zehn Jahren oder 100 000 km haben.

Wie sehen Sie für Ihre Firma die zukünftige Bedeutung des Leasings?
Das Full-Service-Leasing hat sich für uns als die optimale Form der Flottenbewirtschaftung erwiesen und ist künftig nicht mehr wegzudenken.

Welche Tipps geben Sie angehenden Leasingnehmern auf den Weg?
Sie sollen sich unbedingt genügend Zeit nehmen, um die angebotenen Dienstleistungen und Konditionen auseinander zu nehmen und zu vergleichen. Natürlich gehört auch das Einholen von Referenzen dazu.
Und noch etwas: Anscheinend lässt nur ein Bruchteil der Unternehmen ihren Fahrzeugpark derart bewirtschaften. Ich empfehle allen, die Option des Full-Service-Leasings unbedingt zu prüfen!

Fallstudien

TRUMPF MASCHINEN AG, BAAR

Fallstudie Vendor Leasing

Nutzen für alle beteiligten Partner. Siehe Seite 74

«Die Banken haben schon seit langer Zeit Investitionen unserer Kunden durch Leasing finanziert», sagt Hans Marfurt. «Da war es für uns ab einem bestimmten Punkt klar, dass wir uns auch an dem Finanzierungsgeschäft beteiligen wollen, insbesondere nachdem die Banken immer häufiger einen Teil des Risikos auf uns übertragen wollten.» Marfurt ist Geschäftsführer der Trumpf Maschinen AG in Baar, einer der vier Schweizer Gesellschaften des internationalen Maschinenbaukonzerns Trumpf mit Hauptsitz in Deutschland. Trumpf gehört zu den weltweit führenden Unternehmen in der Fertigungstechnik und stellt Werkzeugmaschinen für die Blech- und Materialbearbeitung her und ist zudem der Weltmarktführer im Bereich Laser für die flexible Metallverarbeitung. Ausserdem stellt Trumpf Anlagen für Lasertechnik, Elektronik und Medizintechnik her. Über die Trumpf Maschinen AG werden der Verkauf und der Service aller Trumpf-Produkte in der Schweiz abgewickelt.

Das Mutterhaus in Deutschland ist bereits seit 2001 im Bereich Leasing tätig, in der Schweiz ist das Unternehmen im Jahr 2005 in das Vendor Leasing eingestiegen. Beim Vendor Leasing vermittelt der Hersteller oder Verkäufer eines Produktes seinem Kunden die Finanzierung. Während etwa im Autohandel die Autofirmen in Zusammenarbeit mit Finanzinstituten eigene Banken gegründet haben, hat sich im Maschinenbau ein anderes Modell durchgesetzt. «Wir arbeiten jetzt mit einem Leasingunternehmen zusammen», sagt Marfurt. Die SG Equipment Finance Schweiz AG als Leasingpartner schliesst mit Kunden den Leasingvertrag zur Finanzierung eines Trumpf-Produkts ab. Die Rolle von Trumpf besteht darin, sein Know-how über den Markt und dessen Entwicklung einzubringen und ggf. die Vermarktung der Maschinen nach dem Ablauf der Leasingdauer zu übernehmen oder sie selbst zurückzunehmen. Das ist für Trumpf von ureigenstem Interesse, wird doch so die Preisbeständigkeit im Gebrauchtmarkt, und somit das Qualitätsbild der Maschinen gewahrt.

BEITRAG ZUR ABSATZFÖRDERUNG

Kurz nach der Gründung der eigenen Firma klopfte denn auch der stolze Besitzer eines Metall verarbeitenden

Unternehmens bei Trumpf an. Die Auftragsbücher waren gefüllt, doch es fehlte die entsprechende Flachbettlasermaschine, um sie in Zukunft abwickeln zu können. «Vor allem Jungunternehmen finanzieren ihren ersten Maschinenpark sehr häufig durch Leasing», sagt Marfurt. Wer gerade eine Firma gegründet hat, verfügt in den meisten Fällen auch nicht über genügend Eigenmittel, um die Investitionen direkt zu bezahlen, und kann oft den Banken auch die für eine Hypothek erforderlichen Sicherheiten nicht bieten. «Bei Neugründungen ist die Leasingfinanzierung mittlerweile gang und gäbe», sagt Marfurt. Die Finanzierung mit Leasing hilft den Jungunternehmern, ihre Liquidität in den ersten Jahren nach der Gründung besser steuern zu können. Die dann frei zur Verfügung stehenden Mittel können für andere Investitionen eingesetzt werden. Weiter gerät durch Leasing das Verhältnis von Fremd- und Eigenkapital auf der Seite der Bilanz nicht aus dem Gleichgewicht.

Häufig schätzen es die Firmen, für die Finanzierung nicht nur auf die Hausbank angewiesen zu sein, sondern ein zweites Standbein zu besitzen. Keine Frage, dass Trumpf zusammen mit seinem Leasingpartner dem Jungunternehmen ein tragfähiges Angebot unterbreitet hat.

Im Geschäft mit bereits am Markt etablierten Kunden hat die Finanzierung über Leasing noch keine überragende Bedeutung. Fast 90 Prozent der etablierten KMU zahlen heute noch Cash oder über eine Finanzierung durch die Bank. «Bei vielen Unternehmen werden Investitionen so lange zurückgestellt, bis genügend Geld in der Kasse ist», sagt Marfurt. Da sind die Inhaber und CEO der Schweizer KMU konservativ und handeln betriebswirtschaftlich «auf der sicheren Seite». «Das ist ein Zug, der mir eigentlich sehr sympathisch ist», sagt der Trumpf-Geschäftsführer. Diese Beschaffungsstrategie seiner Kunden hat sich bewährt. Bislang musste der Maschinenbauer noch keine Forderung abschreiben. Doch trotzdem sieht es so aus, als nähme die Bereitschaft, Leasing für eine Finanzierung in Anspruch zu nehmen, zu. Etwa ein Drittel aller Maschinen wird heute schon mit Leasing finanziert. Ein Gesinnungswandel, der vielleicht auch etwas mit einer neuen Generation von

---

KURZPROFIL UNTERNEHMEN

- *Branche/Tätigkeit*
  Maschinenbau mit den Geschäftsbereichen Medizintechnik, Lasertechnik/Elektronik
- *Umsatz*
  1.94 Millarden Euro
- *Mitarbeitende*
  7 800 Mitarbeitende
- *Standorte*
  Hauptsitz der Trumpf GmbH & Co. KG Ditzingen (D) mit weltweit 50 Tochtergesellschaften. Es unterhält Produktionsstandorte in Europa, Asien und Nordamerika.

Unternehmensführern zu tun hat, trägt sicherlich dazu bei. Angesichts dieser Tatsache ist ein Unternehmen wie Trumpf tatsächlich gut beraten, den Kunden ein eigenes Leasingangebot machen zu können.

DER EINSTIEG INS LEASING BELOHNT DAS RISIKO

Für die Trumpf Maschinen AG waren es vor allem zwei Gründe ausschlaggebend, sich im Geschäft mit dem Leasing verstärkt zu engagieren. Zum einen trägt es zur Absatzförderung bei, zum anderen bietet Trumpf ihren Kunden eine massgeschneiderte und flexible Finanzierungslösung mit an.

Der Anlass, in das Leasinggeschäft direkt mit einzusteigen, war die Beobachtung von Trumpf, dass Banken in vielen Fällen einen Teil ihres Risikos auf den Verkäufer der Ware abwälzen. Sie finanzieren zwar eine Maschine durch Leasing, erwarten aber oft eine garantierte Rücknahme durch den Verkäufer am Leasingende. Der Verkäufer soll auch im Fall von Zahlungsschwierigkeiten die Verwertung übernehmen. «Wir haben gesehen, dass wir auch bisher den Banken einen Teil ihres Risikos abgenommen haben, ohne aber dafür an deren Risikoprämie beteiligt zu sein», sagt der Trumpf-Geschäftsführer zum Hintergrund der Entscheidung, sich auch einen Teil des Geschäfts mit der Finanzierung der eigenen Produkte zu sichern. In der SG Equipment Finance Schweiz AG haben die Maschinenbauer den Partner gefunden, der die Finanzierung ihrer Produkte organisiert.

VORTEILHAFTE LÖSUNG

Von dieser Zusammenarbeit profitieren Trumpf, die Leasinggesellschaft und schliesslich der Kunde. Letzterer, weil er mit einer liquiditätsschonenden Finanzierung seine Investitionen tätigen kann. Die Leasinggesellschaft hat wiederum hat eine Reihe von Vorteilen durch die direkte Zusammenarbeit mit Trumpf. Das Unternehmen verpflichtet sich nicht nur, Maschinen im Fall der Fälle zurück- und die Verwertung zu übernehmen. Wichtiger ist es, dass Trumpf auch sein Know-how zur Verfügung stellt, wenn es um die Beurteilung des Leasingnehmers und die Zukunftschancen seines Geschäfts geht. Während die Banken die Bonität eines Kunden nach dessen Bilanz betrachten, also den Blick in die unternehmerische Vergangenheit richten, kann Trumpf eine andere Perspektive beisteuern, die unter Umständen viel entscheidender für den Erfolg sein kann: den Blick nach vorne nämlich.

Als Maschinenbauer, der mit Kunden bereits zum Teil langjährige Beziehungen unterhält, versteht Trumpf etwas von deren Geschäft. Er hat ein tieferes Verständnis von den Märkten, in denen sie sich bewegen, und von den wirtschaftlichen Aussichten. Von diesem zweiten Blickpunkt profitiert die Leasinggesellschaft sehr stark. Das Urteil über die wirtschaftliche Perspektive vermindert das Ausfallrisiko und sorgt deshalb auch dafür, dass die Leasingraten geringer ausfallen können. «Wir haben sehr gute Erfahrungen mit dem Vendor Leasing gemacht», sagt Hans Marfurt. Die Steigerung des Umsatzes um 20 Prozent zum dritten Mal in Folge zeigt, dass die Kunden mit Trumpf wohl zufrieden sind.

INTERVIEW

Hans Marfurt
Geschäftsführer TRUMPF Maschinen AG, Baar

Welches sind die wichtigsten Erkenntnisse, die Sie bei den Leasingverhandlungen gewonnen haben?
Wir haben festgestellt, dass wir mit dem Angebot des Vendor Leasing einem Bedürfnis unserer Kunden entgegen kommen und dass vor allem Jungunternehmer sehr aufgeschlossen darauf reagieren. Unsere Erfahrung hat gezeigt, dass sowohl die Kunden als auch die Leasinggesellschaft und wir von dieser Form der Zusammenarbeit profitieren, weil die Umsätze deutlich angekurbelt werden.

Wie sehen Sie für Ihr Unternehmen die Bedeutung des Leasings in der Zukunft?
Das Leasing hilft unseren Kunden zu einer liquiditätsschonenden Finanzierung unserer Produkte. Auch wenn gemessen am Gesamtumsatz heute erst ein kleiner Teil unserer Maschinen durch Vendor Leasing finanziert wird, kann man davon ausgehen, dass dieser Anteil in Zukunft zunehmen wird. Speziell Vendor Leasing sollte im Investitionsgüterbereich in Zukunft wie ein Katalysator wirken.

Welche Tipps können Sie angehenden Leasingnehmern mit auf den Weg geben?
Ein Produktionsunternehmen, das sich im Bereich des Vendor Leasing engagieren will, braucht vor allem einen zuverlässigen Partner als Leasinggesellschaft. Das technische Knowhow übernehmen wir.

Fallstudien

TA TRIUMPH-ADLER VISINFO AG

Fallstudie Flottenfinanzierung

Das Auto ist ein Verbrauchsgegenstand mit hohem Imagepotenzial und leider auch beträchtlichen Kosten. Auch wenn die Mehrzahl der Fahrzeuge in der Schweiz in einer Flotte verleast wird, spielt doch das Leasinggeschäft mit Privatpersonen eine grosse Rolle. Oft können auch Private mit der gewonnenen Liquidität einen Kapitalgewinn erzielen, der höher als die Leasingrate ist.

Klassisch ist der Fall in Unternehmen, wo der Luxuswagen der Geschäftsleitung separat privat geleast wird, die restliche Flotte aber über die Firma läuft. Damit werden die Kapitalströme im Unternehmen sauber getrennt und sie sind nachvollziehbar. Ein wichtiger Pluspunkt für das Leasing ist bei teuren Fahrzeugen vor allem die Mehrwertsteuerersparnis.

Flottenleasing. Siehe Seite 68

DURCH LEASING VORTEIL BEI DER MEHRWERTSTEUER

Während beim direkten Kauf die MWSt-Kette unterbrochen wird und damit bei einem Weiterverkauf des Objektes an einen «Steuerpflichtigen» im allgemeinen keine Vorsteuer in Abzug gebracht werden kann, bringt die «Einschaltung» einer Leasinggesellschaft den erwünschten Steuereffekt: Die MWSt-Kette bleibt intakt, da die Leasinggesellschaft die Eigentümerin ist.

Der Mietkauf einer ganzen Fahrzeugflotte statt eines einzelnen Gefährts erscheint auf den ersten Blick als ein Klumpenrisiko. Ob der Arbeitnehmer zum Beispiel mit dem Dienstwagen zufrieden ist, hängt von der Wahl der Marke und der Ausstattung ab, und gleichzeitig sind diese Entscheidungen auch für die Corporate Identity und die Akzeptanz des Unternehmens wichtig. Einen klassischen Fehler in dieser Beziehung hat bereits vor Jah-

KURZPROFIL UNTERNEHMEN
- *Branche/Tätigkeit*
  Dienstleistungen rund ums Dokumentenmanagement/ Dokumentenworkflow
- *Gründung*
  1971 durch Werner Tobler
- *Umsatz*
  ca. 40 Mio. Franken
- *Mitarbeitende*
  75 in der Schweiz (1400 weltweit)
- *Standorte*
  Embrach (Hauptsitz), St. Gallen, Bern, Lausanne

ren jene amerikanische Firma gemacht, die ihrem erfolgreichsten Aussendienstmitarbeiter als Leistungsprämie einen roten Porsche leaste. Im Jahr darauf war dieser Mitarbeiter zum erfolglosesten Verkäufer des Jahres geworden, weil die Kunden dachten, ihr Geld würde für nutzlose Protzkarossen verprasst.

• •

Die Wahl des Modells ist für die Corporate Identity und das Image entscheidend. Mit dem falschen Wagen kann man Signale setzen, die fatal für den Geschäftserfolg sein können.

• •

«Wir haben uns daher den Entscheid nicht leicht gemacht», sagt Mathias Trabitzsch. Er ist CFO von Triumph-Adler Visinfo in Embrach und damit auch für den Entscheid des Unternehmens für einen bestimmten Fahrzeugtyp, die Automarke und die Ausstattung verantwortlich.

UNTERSCHIEDLICHE ANSPRÜCHE MÜSSEN BEDIENT WERDEN

«Wir hatten bereits gute Erfahrungen mit Peugeot, Ford, Mazda und Renault aus früheren Leasings, aber wir brauchten insgesamt neun Monate für den Zuschlag», sagt Trabitzsch.

Lieferfristen kommen zusätzlich hinzu, denn oft prägen Sonderwünsche den Vertrag, die sich aus dem Corporate Design des Unternehmens ergeben und dann vor allem bei der Farb-

LEASINGLÖSUNG

- *Leasinggeber*
  Mercedes-Benz Financial Services Schweiz AG
- *Leasingnehmer*
  TA Triumph-Adler Visinfo AG
- *Dauer*
  3 Jahre
  Vertragswert ca. 900 000 Franken
- *Grösster Nutzen*
  Einheitliches Gesamtkonzept für die Corporate Identity und Rundumservicepaket

gestaltung eine Rolle spielen. Solche Vorgaben sind anspruchsvoll.

Für die Fahrzeuge des technischen Service wird viel Stauraum für Werkzeuge und die Ersatzteile benötigt, also wurden Minivans bestellt. Triumph-Adler Visinfo liefert Komplettlösungen fürs Drucken, Kopieren und Scannen bis hin zu Ausstattungen für das vollkommen papierlose Büro. Zurzeit sind 12 000 Geräte in der Schweiz installiert, die meisten der hauseigenen Marke Triumph-Adler. Für diese Bürogeräteflotte stellt das Unternehmen den Service bereit. Zum heutigen komplexen Namen kam die TA Triumph-Adler Visinfo AG 2006 durch die Fusion der Triumph-Adler Schweiz AG mit der Visinfo AG, die auf Präsentationslösungen für Konferenzräume und Displays für Hotels und öffentliche Grossräume spezialisiert gewesen ist.

Das ansprechende Äussere im Auftritt des Unternehmens spielt in dieser

Branche für den Erfolg eine grosse Rolle. Besonders wichtig ist der Auftritt für den Vertriebsaussendienst, dessen Mercedes-Mittelklassefahrzeuge in gediegen wirkendem Schwarz gehalten sind. Für den Bereich Sales und Marketing darf es eben ein Schuss mehr Repräsentation als für den technischen Aussendienst sein. Der Auftritt muss trotzdem dezent bleiben. «Die Mercedes B-Klasse wirkt denn eher vornehm, aber nicht protzig», so Trabiztsch zur getroffenen Wahl. Da die Fahrzeuge in der ganzen Schweiz unterwegs sind, ist zusätzlich ein starkes optisches Signal nötig, das den Wiedererkennungseffekt steigert. Die Logos der beiden Fusionspartner Triumph-Adler und Visinfo finden auf der Karosserie ihren gebührenden Platz, und damit die schwarzen Wagen nicht nach Beerdigungsunternehmen aussehen, ziert ein breiter, oranger Streifen die Flanke der 24 rabenschwarzen Mercedes B 180 CDI.

Da Triumph-Adler Visinfo in der ganzen Schweiz tätig ist, kommt nur ein Anbieter in Frage, der gross genug ist und ein dichtes Garagennetz besitzt.

«Der Dieselmotor wurde nicht nur aus Umweltschutzgründen gewählt, sondern auch wegen der Kosten», sagt Mathias Trabitzsch, «denn unsere Vertriebsaussendienstler machen hundert- bis zweihunderttausend Kilometer während der Laufzeit des Leasingvertrages». Trotz der in der Schweiz höheren Dieselpreise und der teureren Motoren gegenüber den Benzinmodellen geht die Rechnung aufgrund der hohen Jahreskilometerleistung auf. Das gute Ranking in der Pannenstatistik und insbesondere robuste Dieselmotoren sind weitere entscheidende Pluspunkte bei der Entscheidung für dieses Modell. Hinzu kommen die zahlreichen Servicegarantien. Da Triumph-Adler Visinfo in der ganzen Schweiz tätig ist, kommt nur ein grosser und überall dicht mit Garagen vertretener Anbieter in Frage.

Ausserdem sind alle Fahrzeuge mit Navigationssystemen ausgerüstet. Um hier Kosten zu sparen, wurde auf eingebaute Strassenleitsysteme zugunsten mobiler Systeme verzichtet. Diese wecken allerdings Begehrlichkeiten von Dieben, und so wurden bereits Autos aufgebrochen, um die «Navis» zu stehlen. Die Versicherung deckt zwar solche Schäden, ärgerlich bleibt der Aufwand jedoch allemale, und die Versicherung ist bei teuren Gütern ein Kostentreiber.

LEASING MIT LANGER LAUFZEIT UND HOHER KILOMETERLEISTUNG

Der Leasingvertrag für die erste von zwei Flottenlieferungen läuft 36 Monate über gesamthaft 120 000 Kilometer. Kaum ein Mitarbeiter macht von seinem Vorkaufsrecht nach Beendigung der Leasingperiode Gebrauch. «Dafür ist der Kilometerzähler zu voll», meint der CFO. Umso wichtiger ist der hohe Restwert, den Mercedes-Benz Financial Services Schweiz in den Vertrag geschrieben hat. Einen eigentlichen Flottenmanager hat das Unternehmen nicht. Nur Grossunternehmen leisten sich einen Vollzeit- oder Teilzeitflottenmanager.

MANAGER IM NEBENAMT

Marcel Graf, der technische Leiter der TA Triumph-Adler, ist sowohl von der Unternehmenshierarchie her als auch von seiner persönlichen Affinität zu schönen und schnellen Autos dafür prädestiniert, die Aufgabe der Flottenbetreuung zu übernehmen und managt den Fuhrpark nebenbei. Eine eigene Werksgarage gibt es natürlich auch nicht. Alle Servicedienste werden von den Vertragsniederlassungen durchgeführt, wobei es ein zusätzlicher Vorteil ist, dass der Sitz des Leasingpartners in Schlieren ist, nur 20 Kilometer vom Triumph-Adler Visinfo–Hauptsitz entfernt. Hat ein Mitarbeiter der Triumph-Adler Visinfo beispielsweise in Lausanne eine Panne, kann er sich an die dortige Vertragswerkstatt wenden.

DAS GESAMTPAKET MACHT DEN UNTERSCHIED

Dass Konsumgüterleasingverträge manchmal an Kleinigkeiten scheitern, mag ein Gerücht sein. Fest steht aber, dass es kleine Unterschiede gibt, die den Ausschlag für eher den einen als den anderen Anbieter geben. Triumph-Adler ging es als mittelgrossem Unternehmen ein «rundum Sorglospaket». Nicht zuletzt hat der Leasinggeber versprochen, bei «kleineren Kratzern am schwarzen Lack bei Leasingende keine Erbsen zu zählen und sie als normale Abnutzung durchgehen zu lassen.» Der Leasingpartner hasst nämlich bei teuren Objekten nichts mehr als böse Überraschungen beim Restwert.

Expertenbeitrag

INTELLIGENTES FLOTTENMANAGEMENT HILFT KOSTEN SPAREN

Rogelio Valdivia, LeasePlan (Schweiz) AG

Der Fahrzeugverantwortliche eines grossen Schweizer Generalunternehmens ist zufrieden: «Dank der Partnerschaft mit unserem Flottenmanager sparen wir mehrere Tausend Franken pro Jahr.» Für ihn, wie für viele andere Verantwortliche in Unternehmen, sind die Fahrzeugkosten gleich hinter den Personalkosten der zweitgrösste Ausgabenblock. Grund genug, den Fahrzeugpark zum Thema zu machen und dort nach Einsparpotenzial zu suchen.

LEICHTERE BILANZ

Immer mehr Unternehmen entscheiden sich dafür, den gesamten Fahrzeugbereich an einen externen Dienstleister auszulagern. Je nachdem, wie und ob die Firmenflotte in der Bilanz geführt ist, ist die Ausgangslage verschieden. Es gibt Unternehmen, die ihren kompletten Fahrzeugpark im eigenen Anlagevermögen halten. Sie binden so Kapital, das ihnen nicht mehr für die Entwicklung des Kerngeschäfts zur Verfügung steht. In solchen Fällen suchen sie nach Möglichkeiten, die Flotte aus der Bilanz zu nehmen. Andere Unternehmen haben ihre Fahrzeugflotte bereits geleast. Wieder andere haben darüber hinaus in Verbindung mit der eigenen oder geleasten Flotte diverse Dienstleistungen ausgelagert. Sie wollen sich auf ihre Kernaktivitäten konzentrieren und sich im Tagesgeschäft nicht mit der Fahrzeugverwaltung auseinandersetzen. Ihnen fehlt zudem meist das Know-how, um diesen Bereich optimal zu bewirtschaften.

Als einfachste Form und somit als erster Schritt des effizientsten Flottenmanagements bietet sich «Management & Controlling» an. Bei dieser Vertragsart ändert sich an den Eigentumsverhältnissen der Fahrzeuge nichts – sie bleiben im Anlagevermögen des Un-

AUF EINEN BLICK

- Ausgaben für die Fahrzeugflotte bieten oft ein signifikantes Einsparpotenzial.
- Die Finanzierung des Fahrzeugparks durch Leasing stellt die Liquidität sicher, die ein Unternehmen zum Ausbau seines Kerngeschäfts besser einsetzen kann.
- Mit dem Outsourcing der Verwaltung der Flotte können die Kosten gesenkt werden, da ein externer Dienstleister Preisvorteile besser ausnützen kann.
- Durch das Leasing wird die Bilanz des Unternehmens «leichter».

ternehmens oder in Fremdbesitz. Die externen Flottenmanager übernehmen die Verwaltung des Fahrzeugparks und wickeln sämtliche fahrzeugbezogenen Kosten ab.

Weiter gehen hingegen die verschiedenen Leasingmodelle, von denen es grundsätzlich zwei Arten gibt. Sie unterscheiden sich dadurch, wie das wirtschaftliche und juristische Eigentum an den Fahrzeugen gestaltet ist: Financial Lease und Operating Lease.

FINANCIAL LEASE UND OPERATING LEASE

In der Schweiz ist das Financial Leasing die üblichste Form des Leasings. Es handelt sich hierbei um die reine Finanzierung. Das Unternehmen als Leasingnehmer bezahlt die Differenz zwischen der Nettoinvestition und dem Restwert des Fahrzeugs. Zuzüglich zu dieser Differenz – der Amortisation – fallen die Zinskosten auf diesem Kapital an. Der Zinssatz bleibt während der gesamten Vertragsdauer unverändert. Die Fahrzeuge werden gewöhnlich in der Bilanz des Leasingnehmers ausgewiesen. Je nach Vertragsart mit dem Leasinggeber trägt er das Restwertrisiko. Financial Lease erweitert den Spielraum für Finanzierungen. Bezogen auf die Firmenflotte bedeutet dies, dass die Anschaffung oder der Ersatz von Fahrzeugen die Liquidität des Unternehmens nicht verringern. Bei einer Flottengrösse von 50 Fahrzeugen, die jeweils 35 000 Franken kosten und die drei Jahre laufen, ist eine jährliche Investition von über 585 000 Franken zur Fahrzeugbeschaffung notwendig. Wenn die Fahrzeuge geleast werden, kann das frei gewordene Kapital für den Ausbau des Kerngeschäfts investiert werden.

> Unternehmen wollen sich auf ihre Kernaktivitäten konzentrieren und sich im Tagesgeschäft nicht mit der Fahrzeugverwaltung beschäftigen.

Das Finanzleasing hat seinen Ursprung im Geschäft der hauseigenen Banken der Automobilhersteller und diente der Verkaufsförderung von Neufahrzeugen als zusätzlicher Absatzkanal. Seit ein paar Jahren durchlebt das Leasing allerdings eine starke Veränderung in Richtung Dienstleistung. Einige Leasinggesellschaften bieten neben der Finanzierung massgeschneiderten Service an und übernehmen zudem das operative Risiko. Solche Angebote finden sich vor allem im Operating Lease. Bei diesem Full-Service-Leasing ist ein ganzes Dienstleistungspaket dabei. Das Unternehmen kann alle Aktivitäten rund um die Flotte, von Kader- bis zu Nutzfahrzeugen, komplett auslagern. Der Dienstleister übernimmt auf Wunsch alle Aufgaben von der Beschaffung der Fahrzeuge über die Verwaltung bis zum Wiederverkauf nach der Fahrzeugrückgabe. Das professionelle Flottenmanagement behält dabei die

Expertenbeitrag

> **FLOTTENMANAGEMENT-CHECKLISTE:**
> - Welche Finanzierungsmodelle sind wirtschaftlich?
> - Wie sieht das Fahrzeugreglement aus?
> - Wann ist ein Ersatz der Fahrzeuge am wirtschaftlichsten?
> - Welche Antriebsart ist von Vorteil?
> - Welches Fahrzeugmodell, welche Ausstattung erzielt den bestmöglichen Wiederverkaufspreis?

Gesamtkosten im Blick. Um langfristig deutliche Einsparungen im Fahrzeugpark zu realisieren, reichen heute rein preisorientierte Ansätze nicht mehr aus. Nur eine ganzheitliche Betrachtung, welche die Total Costs of Ownership (TCO) berücksichtigt, hilft das Flottenbudget zu optimieren. Dabei werden alle fixen und variablen Kosten in die Rechnung mit einbezogen, die durch den Fahrzeugpark und seine Verwaltung entstehen. Der Kunde erhält eine Abrechnung, die nicht nur die Anschaffungskosten enthält, sondern auch die Kosten der späteren Nutzung, wie jene für Treibstoff, Reparatur, Wartung, Bereifung, Versicherung und den internen Aufwand. So kann es die fixen und variablen Kosten bereits im Vorfeld beziffern.

Für die Auswahl der Fahrzeuge ist deren Verwendungszweck entscheidend. Werden die Fahrzeuge als Arbeitsinstrumente eingesetzt oder gehören sie zu den Lohnnebenleistungen? Wie viele Kilometer legen die Fahrzeuge jährlich zurück? Basierend auf diesen Angaben ermitteln die Flottenmanager die optimale Haltedauer für jeden eingesetzten Fahrzeugtyp. Dass die externen Dienstleister durch ein hohes Einkaufsvolumen meist beträchtliche Rabatte erzielen, kommt dem Leasingnehmer zugute. Während der Laufzeit kümmern sich die Flottenmanager um Wartung und Reparatur, die Bereifung und den Tankkartenservice. Zudem bieten sie einen Schadenservice mit 24-Stunden-Pannenservice und Ersatzfahrzeugen an. Sie übernehmen Versicherungsdienstleistungen und führen Steuern und Gebühren ab. Ebenso gehören eine kontinuierliche Beratung und natürlich auch ein aussagekräftiges Reporting dazu. Einen deutlichen Vorteil bietet das Flottenmanagement auch bei der professionellen Vermarktung der Gebrauchtfahrzeuge. Der höhere Restwert wirkt sich positiv auf die Leasingrate aus.

LEASINGRATE IST VOM BENZINPREIS UNABHÄNGIG

Die Flottenmanager als Leasinggeber erstellen für jede Kostenart eine Vorkalkulation, die während der gesamten Vertragsdauer zu einer gleich bleibenden Leasingrate führt. Darin enthalten sind zum Beispiel die Finanzierungskosten, (Amortisation und Zinsen) sowie die Kosten für Unterhalt, Reparatur oder Bereifung. Die variablen Kosten wie Treibstoff, Versicherung und Steuern werden ebenfalls bei Vertragsbeginn kalkuliert. Die so ermittelte Leasingrate ist der maximale Kostenaufwand für das Fahrzeug für den Leasingkunden, wenn er sich an die Bedingungen des Vertrags, insbesondere an Laufzeit und Kilometerleistung hält.

- -
Während der Laufzeit kümmern sich die Flottenmanager um Wartung und Reparatur, die Bereifung und den Tankkartenservice.
- -

Wie transparent die Kosten sind, hängt von Leasinggeber und Vertragsart ab. Für die Kostenarten Bereifung, Reparatur, Wartung und Restwert übernimmt in der Regel der Leasinggeber das wirtschaftliche Risiko. Bei der «offenen Kalkulation» sind alle errechneten Kosten detailliert ausgewiesen und der Leasingnehmer hat bei Vertragsende Einsicht in die entstandenen Kosten. Bei der «geschlossenen Kalkulation» hat der Leasingnehmer keinen Einblick in die Zahlen.

VORTEILE FÜR DEN LEASINGNEHMER

Innerhalb des Operating Lease bieten die Leasinggeber bei einigen Dienstleistungen Garantieübernahmen an. Sie lassen so ihre Kunden an der positiven Wirkung eines effizienten Flottenmanagements teilhaben. In der Regel garantieren sie für die kalkulierten Werte, also für Restwert, Wartung, Reparatur und Bereifung. Nach Ablauf eines Kalenderjahres werden die Ausgaben aller retournierten Fahrzeuge betrachtet und die tatsächlichen Aufwendungen mit den kalkulierten Kosten verglichen. Ist das Saldo positiv, so erhält der Leasingnehmer den Überschuss gutgeschrieben. Bei einem negativen Saldo trägt der Leasinggeber das finanzielle Risiko. Dieses Verfahren hat für den Leasingnehmer den Vorteil, dass die Budgetierung der Fahrzeuge für ihn planbar ist.

Für den Arbeitnehmer des Leasingnehmers liegt das Plus dieser Lösung in der Versteuerung des Firmenfahrzeugs. Das Firmenfahrzeug wird als Gehaltsbestandteil immer gefragter. Seit der Einführung des neuen Lohnausweises ist das Full-Service-Leasing für den Arbeitnehmer steuerlich attraktiv. Sämtliche laufenden Kosten wie Treibstoff, Versicherung, Bereifung und Unterhalt werden durch den Arbeitgeber über einen Leasingvertrag getragen. Für den Mitarbeiter ist die steuerliche Belastung dieselbe wie bei jeder anderen Finanzierungsart. Die Aufrechnung von 0.8 Prozent erfolgt auf den Nettokaufpreis. Dem Arbeitnehmer kommt diese Praxis entgegen, denn für ihn ist diese private Aufrechnung wesentlich geringer als die monatlichen Kosten eines Privatfahrzeugs. Durch ein sorgfältig gesteuertes Flottenmanagement können Unternehmen Zeit und Geld sparen; Grund für eine Kooperation mit Profis.

Expertenbeitrag

INVESTITIONSGÜTER-LEASING

Gino Giuliato, UBS Leasing AG

Der Leasingmarkt für mobile Investitionsgüter in der Schweiz wächst seit geraumer Zeit. Sowohl das Leasing von gewerblich genutzten Personenwagen wie auch das Leasing von Ausrüstungsinvestitionen für KMU, Konzerngesellschaften und öffentlich-rechtliche Körperschaften gewinnen zunehmend an Beliebtheit. Während Leasing in früheren Jahren vor allem als Alternative zum Bankkredit oder zur Freihaltung der Kreditlimiten genutzt wurde, stehen heute vermehrt Kostenüberlegung und die Optimierung des Finanzierungsmix im Vordergrund. Bekanntermassen beruht Leasing auf der Überzeugung, dass die wirtschaftliche Nutzungsmöglichkeit eines Gutes wichtiger ist als das Eigentum.

NUTZUNG IST OFT WICHTIGER ALS DAS EIGENTUM

Dies zeigt sich ganz speziell beim Investitionsgüterleasing: Das Eigentum an einer Produktionsmaschine verschafft zwar rechtlich die volle Verfügungsgewalt; wesentlicher ist es jedoch, dass die Maschine zweckgemäss eingesetzt werden kann. Das kann auch ein Mieter oder eben der Leasingnehmer – soweit ihm vom Eigentümer das Recht dazu eingeräumt wird. Hat er dieses Nutzungsrecht, so geht dieses dem Eigentum grundsätzlich vor, und dem Leasingnehmer steht der Nutzen aus der Produktion dieser Maschine alleine zu. Es ist deshalb nicht relevant, ob der Nutzer auch Eigentümer ist, solange er in seiner Nutzung ungestört ist. Genau dies

---

AUF EINEN BLICK
- Leasing ist günstiger als eine Kreditfinanzierung mit gleicher Laufzeit.
- Zahlungen werden mit dem Ertrag geleistet (pay as you earn).
- Leasing schont die Liquidität, der Gewinn vergangener Jahre steht weiterhin zur Verfügung, um Marktchancen zu nutzen.
- Leasing erhöht die Reaktionsgeschwindigkeit, da kurzfristige Investitionsentscheidungen durch die vorhandene Liquidität rasch umgesetzt werden können.
- Leasing ermöglicht die Budgetierung mit festen Kosten, da die Leasingraten während der Laufzeit gleich bleiben.
- Leasing steigert die Wettbewerbsfähigkeit eines Unternehmens, weil es seine Liquidität in den Bereich seiner Kernkompetenz investieren kann.

Expertenbeitrag

ist die Grundidee des Leasinggeschäftes.

Investitionsgüterleasing hat in den früheren sechziger Jahren in der Schweiz Einzug gehalten. Einen ersten Boom erlebte diese Leasingsparte vor allem in den frühen 1980er Jahren. Das Volumen der abgeschlossenen Verträge ist im Einklang mit dem weltweiten Trend seither laufend gewachsen, in den letzten Jahren sogar weit stärker als die Summe der Ausrüstungsinvestitionen. Dennoch hat das Investitionsgüterleasing seinen Zenit in der Schweiz noch lange nicht erreicht, ist doch die sogenannte Leasingquote erst halb so hoch wie in den umliegenden Ländern. Allein 2007 wurden Leasingverträge über Investitionsgüter von über 10 Mrd. CHF abgeschlossen.

INVESTITIONSGÜTER- VERSUS KONSUMGÜTERLEASING

Konsumgüterleasing, nach der Person des Leasingnehmers ausgedrückt, das Konsumentenleasing, umfasst bewegliche Güter des privaten Gebrauchs, wie Autos, Motorräder, TV-Geräte. Oft sind solche Leasinggeschäfte auch mit Servicedienstleistungen seitens des Produzenten oder Lieferanten des Leasinggegenstandes kombiniert.

Investitionsgüterleasing umfasst demgegenüber Ausrüstungen, die gewerblich oder industriell genutzt werden. Die Vielfalt der geleasten Objekte kennt kaum Grenzen, seien dies nun ein LKW, Rollmaterial für Bahnunternehmen, Sesselbahnen, Werkzeugmaschinen, graphische Maschinen, Baumaschinen, EDV-Anlagen, Medizinalgeräte oder, wie in einem Spezialfall, sogar eine Radieschenpflückanlage.

Das Investitionsgüterleasing hat seinen Zenit in der Schweiz noch lange nicht erreicht: Die Leasingquote ist nur halb so hoch wie in den umliegenden Ländern.

Entscheidend für die Eignung eines Objektes als Gegenstand eines Investitionsgüterleasings sind seine kommerzielle Nutzbarkeit und seine Wiederverwertbarkeit für den Fall einer vorzeitigen Vertragsauflösung. Dabei müssen diese beiden Faktoren im konkreten Fall je nach den Umständen gewichtet werden.

OPERATING ODER FINANCIAL LEASING: DAS RISIKO ENTSCHEIDET

Eine besondere Rolle spielt beim Investitionsgüterleasing die Unterscheidung zwischen Operating und Financial Leasing. Je nachdem trägt der Leasinggeber, beim Operating Leasing, oder der Leasingnehmer, beim Financial Leasing, die Objektrisiken, wie die Gefahr der Nutzbarkeit des Leasinggegenstandes, seiner Werthaltigkeit sowie das Investitionsrisiko, also das Restwertrisiko. Operating Leasing ist vor allem für Leasingnehmer interessant, die nach internationalen

Buchführungsstandards Rechnung legen. In diesem Fall können sie die Leasingraten vollumfänglich über die Erfolgsrechnung als Aufwand verbuchen, das Leasing ist nicht bilanzwirksam. Beim Financial Leasing wird beim Leasingnehmer eine Aktivierung unter den Sachanlagen und Abschreibung unumgänglich sein. Dies alles betrifft die KMU in der Schweiz in aller Regel nicht, da diese nach Handelsrecht bilanzieren und dann lediglich im Anhang zur Jahresrechnung das Leasing erwähnen müssen.

FINANZIERUNGSLEASING

Das in der Schweiz gebräuchliche Financial Leasing, das Finanzierungsleasing, ist normalerweise ein Dreiparteiengeschäft. Die feste, unkündbare Laufzeit wird nach der mutmasslichen wirtschaftlichen und technischen Nutzungsdauer des Leasinggegenstandes festgelegt. Der Leasingvertrag schliesst in der Regel keine Dienst- und Serviceleistungen ein. Solche sind Gegenstand von Service- oder Dienstleistungsverträgen, die der Leasingnehmer direkt mit dem Lieferanten oder Dritten abschliesst. Das Leasingobjekt bleibt während der Laufzeit im Eigentum der Leasinggesellschaft und wird während der Vertragsdauer nahezu vollständig amortisiert. Der Leasinggeber wird während der Leasingdauer für seine Investitions- und Nebenkosten sowie für seinen Zinsaufwand entschädigt. Hingegen enthält der Leasingzins keinerlei Entschädigung für Unterhalt oder Instandhaltung des Leasinggegenstandes. Diese Risiken hat der Leasingnehmer zu tragen. Aus der Sicht des Leasingnehmers ist das Financial Leasing wirtschaftlich eine fremdfinanzierte Anlagennutzung. Das Investitionsrisiko trägt der Leasingnehmer, welcher ähnlich wie bei einem zu tilgenden Darlehen feste Zins- und Amortisationszahlungen, die Leasingraten, zu leisten hat. Allerdings steht nicht ein Eigentumserwerb, sondern die Nutzung im Vordergrund.

ABLAUF DES GESCHÄFTS: DREI PARTNER SIND DABEI

Der Leasingnehmer hat normalerweise zuerst Kontakt mit dem Lieferanten eines von ihm ausgewählten Leasinggegenstandes. Er bestimmt die genauen Spezifikationen, verhandelt den Kauf- oder Werkpreis und die Zahlungsmodalitäten. Oft äussert er auch beim Lieferanten den Wunsch, das Objekt über Leasing finanzieren zu wollen, oder er erkundigt sich direkt bei der Leasinggesellschaft nach eine Leasingfinanzierung. Der Lieferant nimmt die Daten des Leasingnehmers auf und leitet diese zur Prüfung an die Leasinggesellschaft weiter. Bei der Leasinggesellschaft folgt eine Prüfung des Leasingobjektes, seines Wertes und seiner Wiederverwertbarkeit (sog. Objekt-Rating). Diese kann im Einzelfall auch über den Lieferanten des Objektes sichergestellt werden, indem sich dieser verpflichtet, den Leasinggegenstand zurückzukaufen. Alsdann folgt eine Bonitätsprüfung des Leasingnehmers nach banküblichen Kriterien (Subjekt-Rating). Bei positivem Ausgang der Prüfungen teilt die Leasinggesellschaft dem Leasingnehmer und dem Lieferanten ihre Leasingofferte mit, erstellt die notwendigen Vertragspapiere und stellt sie dem Leasingnehmer und dem Lieferanten zu. Nach Vertragsunterzeichnung wird das Leasingobjekt dem Leasingnehmer durch den Lieferanten direkt übergeben und der Lieferant sendet die Vertragspapiere an die Leasinggesellschaft zurück. Diese prüft die Dokumente auf deren Rechtsgültigkeit und Vollständigkeit.

• •
Die Leasingraten setzen sich aus der Abschlussgebühr, den Kapitalkosten, einem Zuschlag für das Bonitäts- und Objektrisiko und der Gewinnmarge des Leasingunternehmens zusammen.
• •

Im Einzelfall sind die Abläufe dann etwas komplizierter, wenn der Leasinggegenstand erst hergestellt werden muss. In den Werkverträgen sind verschiedene Teilzahlungen zu leisten. Die Leasinggesellschaft muss in diesem Fall zusammen mit dem Leasingnehmer prüfen, ob die Teilzahlungen vertragsgemäss geschuldet sind. Die Leasingkosten für Financial Leasing setzen sich für den Kunden aus verschiedenen Teilbeträgen zusammen: Die Abschlussgebühr/Bearbeitungsgebühr beläuft sich zumeist auf 0,25 - 0,5 Prozent vom Anschaffungswert. Der Leasingzins für die ganze Leasingdauer ist meist monatlich fällig und setzt sich aus den Kosten der Kapitalbeschaffung, einem Zuschlag für das Bonitätsrisiko des Leasingnehmers und für das Objektrisiko sowie der Gewinnmarge der Leasinggesellschaft zusammen. Der kalkulierte Restwert, der meist zwischen 0,25-2,0 Prozent des Anschaffungswertes liegt, wird bei Vertragsablauf nur dann fällig, wenn der Kunde das Objekt nicht an die Leasinggesellschaft zurückgibt, sondern ins Eigentum übernimmt. Die Entscheidung darüber fällt in der Regel gegen Ende der Leasingdauer.

VERBUCHUNGSMETHODE IST BEIM LEASING WICHTIG

Eine gängige Verbuchungsmethode in der Schweiz ist vor allem im KMU-Segment die sogenannte Miet-Verbuchungsmethode. Der Leasingnehmer nimmt den Leasinggegenstand nicht in die Bilanz auf, sondern vermerkt seine Ansprüche und Verpflichtungen aus dem Leasingvertrag im Anhang zur Bilanz als Aufwand.

Der Leasinggeber aktiviert für den Fall, dass aus seiner Sicht ein Operating Leasing vorliegt, das Leasingobjekt und schreibt es ab, während er im Falle des Vorliegens eines Finanzierungsleasings lediglich die Forderungen aus dem Leasingvertrag aktiviert.

Expertenbeitrag

IMMOBILIENLEASING ERFREUT SICH NEUER BELIEBTHEIT

Serge Bornick, Credit Suisse Corporate Clients Switzerland

Das Immobilienleasing vereint die Vorteile, die ein Eigentümer hat, mit denen eines Mieters. Es bietet Schweizer und ausländischen Unternehmen eine attraktive Alternative, wenn sie ihre Liquidität für wichtige unternehmerische Zwecke erhalten möchten. Erstmals trat es in den 70er Jahren in Erscheinung und entwickelte sich in den 80er Jahren weiter. Die Immobilienkrise in den frühen 90er Jahren erwies sich jedoch für die meisten Marktteilnehmer als eine zu hohe Hürde, um in diesem Markt weiter aktiv zu bleiben. Nur die Credit Suisse hat ihre Aktivitäten in diesem Geschäftsfeld fortgesetzt, wenngleich in jüngster Zeit neue, meist ausländische Akteure eingestiegen sind.

AUTO-, INVESTITIONSGÜTER- UND IMMOBILIENLEASING

Man kennt Leasing in der Schweiz hauptsächlich für Autos und Investitionsgüter. Vom Prinzip funktioniert das Immobilienleasing ähnlich. Der Leasinggeber ist dabei Eigentümer der Liegenschaft. Dabei kann es sich um einen geplanten Neubau oder auch um ein bereits bestehendes Gebäude handeln. Bei einem Neubauprojekt wird das Gebäude nach den Wünschen und Erfordernissen des Leasingnehmers errichtet. Nach Fertigstellung wird ihm das Objekt für eine bestimmte Zeit zur Nutzung überlassen. Am Ende der Nutzungsdauer kann der Leasingnehmer den Leasingvertrag verlängern, das Leasingobjekt zurückgeben oder es zum vereinbarten Restwert erwerben. Dieser wird von den beiden Vertragsparteien im Voraus festgelegt und entspricht dem geschätzten zukünftigen Verkehrswert. Die Vertragsdauer ist beim Immobilienleasing natürlich wesentlich länger als bei der Finanzierung eines Autos oder bei der von Investitionsgütern. Sie liegt in der Regel zwischen 10 und 25 Jahren.

Immobilienleasing eignet sich für Schweizer Grossunternehmen, für internationale Gesellschaften mit Firmensitz oder Niederlassungen in der Schweiz, für KMU mit einem erstklassigen Rating und in bestimmten Fällen auch für Investoren. Durch Leasing werden vor allem Büro- und Verwaltungsgebäude, Industrieobjekte, Gewerbehäuser, Logistikzentren und Lagerhallen, aber auch Hotels und Pflegeheime finanziert. Das minimale Finanzierungsvolumen liegt in der Regel zwischen fünf und zehn Millionen

Franken. Es gibt aber Leasinggesellschaften, die Verträge auch mit geringerem Volumen eingehen. Aufgrund der langen Vertragsdauer und der Objektfinanzierung zu 100 Prozent werden höhere Bonitätsanforderungen als bei einem klassischen Hypothekarkredit gestellt. Darüber hinaus muss das Leasingobjekt in einer Region gelegen sein, die ein hervorragendes Wirtschaftspotenzial hat und sich in nächster Nähe zu wichtigen Kommunikationsachsen befindet.

EIGENMITTEL SPAREN, UM SIE RENTABLER ANZULEGEN

Bei Büro- und Verwaltungsgebäuden beläuft sich eine Hypothekarfinanzierung in der Regel auf maximal 66 Prozent, für Industrieobjekte verringert sich dieser Satz auf 50 Prozent. Das bindet Eigenmittel, die Unternehmen heute lieber für strategische Aufgaben als für eine Immobilienfinanzierung einsetzen möchten. Wenn durch Immobilienleasing eine Finanzierung zu 100 Prozent und zu einem vorteilhaften Zinssatz möglich ist, können die so frei bleibenden Mittel vom Unternehmen für das Kerngeschäft eingesetzt werden: Der strategische Wert freier Liquidität ist heute eine immer wichtigere Überlegung.

Wenn man die Zinsbelastung der klassischen Hypothek mit jener im Leasing vergleicht - natürlich unter Einbeziehung einer bestimmten Eigenkapitalverzinsung des Unternehmens - ergibt sich in der Regel ein Vorteil für die Leasingvariante. Dies auch ohne Berücksichtigung der vorteilhaften Steuerauswirkung, denn beim Leasing ist neben den Kapitalkosten auch die Amortisation bei Einhaltung der maximalen steuerlichen Amortisation voll abzugsfähig. Demgegenüber sind die für die «Bereitstellung» des Eigenkapitals zu bezahlenden Dividenden nicht abzugsfähig.

DIE VORTEILE DES EIGENTÜMERS UND DES MIETERS

Das Immobilienleasing ist für den Kauf oder den Bau einer neuen Immobilie eine nicht zu vernachlässigende Lösung. Möglich ist auch ein «Sale & Leaseback»-Modell: Das Unternehmen verkauft seine bereits bestehende Immobilie an die Leasinggesellschaft, die sie dem Unternehmen umgehend wieder im Leasing überlässt. Das so frei werdende Eigenkapital, welches in

AUF EINEN BLICK

- Mit Leasing ist die Finanzierung fast aller Immobilienarten möglich.
- Die Lage des Leasingobjektes ist für den Leasinggeber entscheidend.
- Mit einem «Sale & Leaseback»-Modell kann sich der Besitzer einer Liegenschaft Liquidität verschaffen.
- Abhängig von den Details der Leasingart muss die Immobilie in der Bilanz aktiviert werden.
- Wegen des fixen Restwerts kann der Leasingnehmer u.U. von der Steigerung des reellen Werts der Immobilie profitieren.

Expertenbeitrag

der Immobilie gebunden war, kann wiederum zum Beispiel für den Ausbau der Produktionskapazitäten oder andere Aktivitäten im Rahmen des Kerngeschäfts eingesetzt werden, wie etwa für Akquisitionen.

Das Immobilienleasing bietet zugleich die Vorteile des Eigentümers und des Mieters. Die Immobilie wird genau nach den Bedürfnissen des Leasingnehmers errichtet, so als wäre er Eigentümer. Er nutzt die Räumlichkeiten jedoch wie ein Mieter und bezahlt monatlich die Leasingrate. Er ist während der Vertragsdauer für den Unterhalt und die ausreichende Versicherung verantwortlich und trägt die dafür anfallenden Kosten.

• •

Beim Finance Lease wird das Leasingobjekt in der Bilanz des Leasingnehmers unter Aktiva und die vertraglichen Leasingkosten unter Passiva verbucht.

• •

Sollte sich während der Laufzeit zusätzlicher Raumbedarf ergeben und eine Erweiterung oder Aufstockung möglich sein, wird die Leasinggeberin in der Regel auch diese Kosten übernehmen und in die Leasingtransaktion einbeziehen. Nach Vertragsablauf kann der Leasingnehmer die Immobilie zum am Beginn festgesetzten Restwert erwerben, womit er voll von einer möglichen Wertsteigerung der Immobilie während der Laufzeit profitiert;

er kann aber auch den Leasingvertrag mit dem Restwert als Berechnungsbasis verlängern oder wie nach Ablauf eines Mietvertrags das Objekt zurückgeben.

FINANCE LEASE ODER OPERATING LEASE?

Je nach dem vom Leasingnehmer angewandten Standard der Rechnungslegung können Leasingtransaktionen unterschiedlich verbucht werden. Die internationalen Rechnungslegungsstandards wie Swiss GAAP FER, US GAAP und IFRS unterscheiden zwischen Finance Lease (Finanzierungsleasing) und Operating Lease und sind in der Beurteilung detaillierter als die lokalen Bestimmungen. Es geht einerseits um die Frage, ob die Immobilie beim Leasinggeber (Operating Lease) oder beim Leasingnehmer (Finance Lease) aktiviert wird, und andererseits, wie die Leasingkosten in der Erfolgsrechnung zu erfassen sind. Das Schweizerische Obligationenrecht verlangt nur die Erwähnung im Anhang zur Jahresrechnung.

Beim Finance Lease wird das Leasingobjekt in der Bilanz des Leasingnehmers unter Aktiva und die vertraglichen Leasingkosten unter Passiva verbucht, weil diese Form des Leasings als eine Finanzierungsmethode angesehen wird. Obwohl die Immobilie rechtlich Eigentum der Leasinggesellschaft ist, wird sie in der Bilanz des Leasingnehmers verbucht.

Das Operating Lease entspricht in der

Beurteilung einer Miete, und es werden lediglich die Leasingkosten auf der Ausgabenseite der Erfolgsrechnung aufgeführt. Die Immobilie erscheint nicht in der Bilanz, was im Hinblick auf eine «leichtere» Bilanz und eine zum Beispiel bessere Eigenkapitalquote attraktiv sein kann.

Ob es sich beim Leasing um Finance oder Operating Lease handelt, beurteilt der Wirtschaftsprüfer anhand unterschiedlicher Kriterien (siehe Kasten). Der Grundsatz «substance over form», also die Orientierung am tatsächlichen wirtschaftlichen Gehalt des Leasingvertrages, ist Basis für jegliche Prüfung und abschliessende Beurteilung. Wenn die Konditionen des Leasingvertrags bei Vertragsablauf zum Beispiel einen garantierten oder praktisch garantierten Übergang der Immobilie an den Leasingnehmer implizieren, handelt es sich um Finance Lease, ebenso wenn die Risiken oder Gewinne im Wesentlichen dem Leasingnehmer zufallen.

Finance Lease bietet den Unternehmen viele Vorteile, so zum Beispiel geringere Eigenmittelanforderungen als bei einer traditionellen Finanzierung, Optimierung der Liquidität sowie langfristig berechenbare Fixkosten.

Das Operating Lease bietet dieselben Vorteile und zusätzlich weitere, die für gewisse Gesellschaften wichtig sind, wie zum Beispiel die Verbesserung der Struktur- und Rentabilitätskennzahlen. Da die Immobilie nicht in der Bilanz verbucht wird, reduziert sich die Bilanzsumme entsprechend, das bilanzierte Fremdkapital wird nicht erhöht und das Verhältnis von Eigenkapital zu Fremdkapital somit nicht verschlechtert. Auch die Eigenkapitalrendite wird entsprechend gesteigert.

KRITERIEN FÜR FINANCE LEASE

- Nach Ende der Laufzeit gehen die Eigentumsrechte automatisch an den Leasingnehmer.
- Der im Leasingvertrag festgehaltene Kaufpreis des Objekts am Ende der Nutzungsdauer liegt deutlich tiefer als sein Marktwert.
- Die Dauer des Leasingvertrags entspricht nahezu der wirtschaftlichen Lebensdauer des Leasingobjekts, zum Beispiel mehr als 75 Prozent nach US GAAP.
- Der Barwert der Mindestleasingzahlungen entspricht beinahe dem gesamten Investitionsvolumen, zum Beispiel mehr als 90 Prozent nach US GAAP.
- Der Leasingnehmer trägt die wesentlichen Risiken, die sich aus der Nutzung ergeben.
- Das Leasingobjekt ist ganz auf den Leasingnehmer ausgerichtet und kann von anderen ohne grosse Anpassungen nicht genutzt werden.

Ist eine dieser Bedingungen erfüllt, handelt es sich um Finance Lease, und das Leasingobjekt ist in der Bilanz des Leasingnehmers zu aktivieren. Die Leasingzahlungen sind in der Erfolgsrechnung in einen Zins- und einen Amortisationsanteil aufzuteilen.

Expertenbeitrag

RECHT UND STEUERN

Markus Hess, Kellerhals Hess Rechtsanwälte, Zürich und Bern

Der Leasingvertrag ist im schweizerischen Recht nicht ausdrücklich geregelt und lässt sich keinem herkömmlichen Vertragstypus zuordnen. Er wird aber in vielen Gesetzen und Verordnungen als Begriff vorausgesetzt. Es war und bleibt daher der Gerichtspraxis überlassen, Leasing nach Schweizer Recht zu definieren. Die heute herrschende Lehre und Gerichtspraxis bezeichnet den Leasingvertrag als Gebrauchsüberlassungsvertrag eigener Art mit Elementen anderer Vertragsarten. Im Konsumkreditgesetz wurden einige Regelungen über den Abschluss und Inhalt von Verträgen mit Konsumenten über bewegliche Gegenstände des Privatverbrauchs aufgenommen.

> **MEHR INFORMATIONEN**
> Einen Überblick über den Bereich Recht und Steuern im Leasing finden Sie in diesem Kapitel, wobei aus Platzgründen leider keine allumfassende Darstellung möglich ist. Ich verweise Interessierte deshalb gern auf die weiterführende Literatur und auf Gerichtsentscheide in der Sammlung des Schweizerischen Leasingverbandes (SLV), die Sie unter www.leasingverband.ch/96/Rechtliches/SLV/Literatur_/_Judikaturliste.html finden.

Allerdings ist der Anwendungsbereich dieser Konsumentenschutzbestimmungen insofern eingeschränkt, als sie nur für Verträge gelten, die bei ihrer vorzeitigen Auflösung eine Erhöhung der Leasingraten vorsehen und die zudem einen Kreditrahmen von 500 bis 80.000 Franken betreffen.

EIGENTUMSERWERB DES LEASINGGEBERS

Nach der Definition des Leasinggeschäftes (vgl. dazu die Ausführungen in der Einleitung) erwirbt der Leasinggeber den Leasinggegenstand nach den Anweisungen des Leasingnehmers zu Eigentum.
Die Voraussetzungen dazu sind nach schweizerischem Sachenrecht ein rechtsgültiger Erwerbsvertrag (z.B. ein Kauf- oder Werklieferungsvertrag zwischen dem Leasinggeber und dem Lieferanten) sowie die Übertragung des Besitzes am Leasinggegenstand vom Lieferanten auf den Leasinggeber. Diese erfolgt normalerweise durch Lieferung des Gegenstandes an den Leasingnehmer, der ihn wiederum für den Leasinggeber in Empfang nimmt. Es ist dabei wesentlich, dass der Erwerbsvertrag zwischen dem Leasing-

geber und dem Lieferanten zeitlich vor der Lieferung des Leasinggegenstandes abgeschlossen wird. Nur dann besteht der für den Eigentumserwerb wesentliche Rechtsgrund. Hat der Leasingnehmer selbst mit dem Lieferanten schon einen Kaufvertrag abgeschlossen, so muss der Leasinggeber vor der Lieferung in diesen Vertrag eintreten. Leasingnehmer sind also gut beraten, sich frühzeitig Gedanken über eine Leasingfinanzierung zu machen. Der Leasinggeber wird sonst kaum mehr einen Leasingvertrag abschliessen wollen, da sein Eigentumserwerb Dritten gegenüber möglicherweise nicht durchgesetzt werden kann.

ES GILT DAS FAUSTPFANDPRINZIP

Bei Sale-and-Leaseback-Geschäften erwirbt der Leasinggeber den Leasinggegenstand definitionsgemäss vom Leasingnehmer, bei dem der Gegenstand auf Grund des gleichzeitig abgeschlossenen Leasingvertrages verbleibt. Damit geht nach der Gerichtspraxis in der Schweiz das Eigentum am beweglichen Gegenstand zwar auf den Leasinggeber über; es kann aber Dritten gegenüber nicht durchgesetzt werden. Dies ist bedeutsam vor dem Hintergrund des in der Schweiz strikt angewandten Faustpfandprinzips. Das besagt nämlich, dass ein Eigentümer oder Pfandgläubiger seinen Besitz effektiv ausüben muss, also durch effektive Inbesitznahme oder Behändigung der den Besitz verschaffenden Surrogate, wie z.B.

Schlüssel zu einem Fahrzeug oder Lager. Dies erfolgt beim Sale-and-Leaseback-Geschäft aus praktischen Gründen nicht, weshalb Dritten gegenüber, und damit besonders beim Konkurs des Leasingnehmers, der Leasinggeber sein Eigentum auf Grund der heutigen Gerichtspraxis möglicherweise nicht durchsetzen kann. Diesbezüglich problemlos ist das Sale-and-Leasebackgeschäft bei Gegenständen, bei denen für den Eigentumserwerb Registereinträge erforderlich sind, zum Beispiel beim Immobilienleasing.

AUF EINEN BLICK

- In der Schweiz ist nur das Konsumgüterleasing mit Privaten teilweise gesetzlich geregelt.
- Es ist der Gerichtspraxis überlassen, das Leasing nach Schweizer Recht im Übrigen näher zu definieren.
- Der Leasinggeber ist und bleibt Eigentümer des Leasinggegenstandes, den er im Konkurs des Leasingnehmers aussondern kann.
- In den Leasingraten sind die Kosten für den Unterhalt des geleasten Gegenstandes nicht enthalten. Die Instandhaltung ist Sache des Leasingnehmers.
- Für eine Tätigkeit im Finanzierungsleasing ist eine Bewilligung gemäss dem Bundesgesetz über die Bekämpfung der Geldwäscherei im Finanzsektor (GwG) erforderlich.

Um sicher zu stellen, dass ein Leasingnehmer das von ihm geleaste Fahrzeug nicht veruntreut oder verkauft, können die Leasinggeber den sogenannten «Code 178; Halterwechsel verboten» in den Fahrzeugausweis eintragen lassen. Damit ist ein Halterwechsel am Leasingfahrzeug zumindest massiv erschwert.

KEINE GEWÄHRLEISTUNG DES LEASINGGEBERS

In der Schweiz ist das Finanzierungsleasing vorherrschend. Der Leasinggeber übernimmt dabei typischerweise keinerlei Gewährleistung für den Leasinggegenstand. Der Leasingnehmer muss während der festen Vertragsdauer den Leasingzins auch dann zahlen, wenn er den Leasinggegenstand aus irgendwelchen Gründen nicht benutzen kann.

> In der Schweiz ist das Finanzierungsleasing vorherrschend. Der Leasinggeber übernimmt dabei typischerweise keinerlei Gewährleistung für den Leasinggegenstand.

Dies begründet sich daraus, dass der Leasingzins nur auf der Basis der Finanzierungskosten, einer Gewinnmarge und einer Entschädigung für die Entwertung des Leasinggegenstandes kalkuliert wird. Für Instandhaltung und Unterhalt des Leasinggegenstandes ist im Zins nichts vorgesehen. Üblicherweise kann der Leasingnehmer selbst für diese Posten günstiger aufkommen. Er kann auf Grund der vertraglichen Bestimmungen rechtlich keine Gewährleistungsansprüche an den Leasinggeber stellen. Dem Leasingnehmer werden regelmässig Ansprüche gegenüber dem Lieferanten abgetreten, soweit der Leasingnehmer nicht sowieso Serviceverträge mit dem Lieferanten abschliesst. Der Leasingnehmer ist also keineswegs schlechter gestellt als ein Käufer des Leasinggegenstandes.

BEWILLIGUNGEN FÜR LEASINGGEBER

Leasinggeber sind Finanzintermediäre im Sinne des Bundesgesetzes über die Bekämpfung der Geldwäscherei im Finanzsektor (GwG), wenn sie (ganz oder teilweise) das klassische Finanzierungsleasing als Dreiparteiengeschäft betreiben. Operating Leasing, aber auch das sogenannte Direktleasing, bei dem der Lieferant des Leasinggegenstandes gleichzeitig Leasinggeber ist, qualifiziert nach heutiger Praxis der Aufsichtsbehörde nicht als Finanzintermediation im Sinne des GwG. Als Finanzintermediär braucht der Leasinggeber, der nicht als Bank qualifiziert ist, zur berufsmässigen Ausübung seiner Tätigkeit entweder eine Bewilligung der Eidgenössischen Kontrollstelle für die Bekämpfung der Geldwäscherei (EKST; diese Amtsstelle wird ab 1. Januar 2009 in der neu geschaffenen zentralen Finanzmarktaufsichtsbehörde «FINMA» integriert sein) oder den Anschluss an eine sogenannte Selbstregulierungsorganisation (SRO).

Diese privatrechtlich organisierten SRO übernehmen im Auftrage und unter Aufsicht der EKST und neu ab 1.1.2009 der FINMA die Umsetzung der Geldwäschereiaufsicht über die angeschlossenen Finanzintermediäre. U.a. für Leasinggeber führt der SLV eine solche SRO (vgl. dazu Näheres unter www.leasingverband.ch).

• •

Der Leasingnehmer hat das Recht zu wählen, ob er den Leasinggegenstand in der Bilanz aktivieren will oder die Leasingverbindlichkeit im Anhang zur Jahresrechnung offen legen will.

• •

Leasinggeber, die das Konsumentenleasing betreiben, müssen darüber hinaus grundsätzlich um eine Bewilligung als Konsumkreditgeber nachsuchen. Das Konsumkreditgesetz enthält nicht nur Vorschriften zum Leasingvertrag, sondern fordert auch eine Bewilligung von kantonalen Behörden. Die Voraussetzungen dazu (u.a. Erfordernis nach fachlicher Kompetenz der Geschäftsleitung, einem bestimmten Eigenkapital sowie einer Berufshaftpflichtversicherung) sind in einer Verordnung des schweizerischen Bundesrates festgelegt.

Einige kantonale Behörden sehen von diesem Bewilligungserfordernis ab, wenn der Leasinggeber nur das Leasinggeschäft und kein anderes Kreditgeschäft betreibt.

Leasinggeber, die Banken sind, unterstehen einer prudenziellen Aufsicht der Eidgenössischen Bankenkommission (ab 1.1.2009 ebenfalls der FINMA). Sie brauchen nebst der Banklizenz keine weiteren Bewilligungen mehr.

GEWINN- UND KAPITALSTEUERN SIND ZU BEACHTEN

In der Schweiz tätige Unternehmen (u.a. inkl. Betriebsstätten ausländischer Unternehmen) unterliegen den Gewinn- und Kapitalsteuern. Diese werden von den Gemeinden und den Kantonen erhoben. Die Eidgenossenschaft (der «Bund») erhebt Gewinn-, aber keine Kapitalsteuern. Die handelsrechtliche Jahresrechnung bildet Ausgangspunkt und Grundlage der Ermittlung des steuerlich relevanten Gewinnes und Kapitals (sog. Massgeblichkeit der Handelsbilanz).

Die Leasinggeber müssen in der Regel die Leasinggegenstände in der Bilanz aktivieren. Sie können diese nach den üblichen Grundsätzen erfolgswirksam abschreiben und verbuchen die Leasingzinsen als Ertrag.

Normalerweise sind Leasingzinsen beim Leasing von beweglichen Gegenständen vom Leasingnehmer steuerlich vollumfänglich als Aufwand abzugsfähig. Eine (teilweise) Aktivierung der Leasingzinsen wird nur ausnahmsweise nötig sein, wenn der Leasingvertrag darauf hinausläuft, dass der Leasingnehmer am Ende der Leasingdauer den Gegenstand zu einem vorteilhaften Restkaufpreis erwirbt. Die Anschaffung des Leasingnehmers wird somit vorfinanziert.

KREISSCHREIBEN FÜR DAS IMMOBILIENLEASING

Für das Immobilienleasing haben die Schweizerische Steuerkonferenz (bei der alle kantonalen Steuerbehörden angeschlossen sind) sowie die Eidgenössische Steuerverwaltung (ESTV) ein Kreisschreiben herausgegeben (zu finden unter www.steuerkonferenz.ch/pdf/ks_29.pdf), welches die steuerliche Behandlung dieser Geschäfte sowohl beim Leasinggeber als auch beim Leasingnehmer regelt.

Leasing von beweglichen Gegenständen gilt in der Schweiz mehrwertsteuerlich als Lieferung. Leasingzinsen unterliegen deshalb der Mehrwertsteuer, sofern der Leasinggeber mehrwertsteuerpflichtig und der Ort der Lieferung im Inland ist.

Es wird dort insbesondere unterschieden, ob es sich beim konkreten Geschäft um einen Leasingvertrag handelt, bei dem nur eine Gebrauchs-überlassung vereinbart ist, oder ob der Vertrag Rechte und Pflichten in Bezug auf einen Erwerb des Leasinggegenstandes beinhaltet.

MEHRWERTSTEUER

Leasing von beweglichen Gegenständen gilt in der Schweiz (wie auch die Miete) mehrwertsteuerlich als Lieferung. Leasingzinsen unterliegen deshalb der Mehrwertsteuer, sofern der Leasinggeber mehrwertsteuerpflichtig ist und sich der Ort der Lieferung im Inland befindet. Soweit der Leasingnehmer den Leasinggegenstand für eine steuerbare oder steuerbefreite Tätigkeit verwendet, steht ihm ein Vorsteuerabzug zu.

Immobilienleasing ist (wie die Miete von Immobilien) von der Mehrwertsteuer ausgenommen. Ausgenommen bedeutet, dass der Umsatz nicht mehrwertsteuerpflichtig ist, aber diesbezügliche Vorsteuern nicht zurückgefordert werden können. Allerdings kann der Leasinggeber solche Umsätze freiwillig der Mehrwertsteuer unterstellen, falls der Leasingnehmer die Immobilien wenigstens teilweise für steuerbare Umsätze nutzt.

SALE-AND-LEASEBACK

Sale-and-Leaseback-Geschäfte werden von der ESTV als von der Mehrwertsteuer ausgenommenes Finanzierungsgeschäft qualifiziert, wenn nebst einem Ankauf des Leasinggegenstandes vom Leasingnehmer und einer Nutzungsdauer auch der Rückverkauf an den Leasingnehmer mit einem bestimmten oder bestimmbaren Rückkaufpreis vereinbart ist. Umsätze aus solchen ausgenommenen Finanzierungsgeschäften können nicht freiwillig der Mehrwertsteuer unterstellt werden. Dies bedeutet, dass der Verkauf des Leasinggegenstandes zwar nicht der Mehrwertsteuer unterliegt, aber aufgrund einer Nutzungsänderung (nicht rückforderbare) Eigenverbrauchssteuern anfallen können. Der Leasingzins unterliegt als ausgenommener Umsatz ebenfalls nicht der Mehrwertsteuer. Für beide Parteien gilt, dass sie diesbezügliche Vorsteuern nicht zurückfordern können.

Expertenbeitrag

MIT «SALE-AND-LEASEBACK» DIREKT INS MODERNE FLOTTENMANAGEMENT

Caroline Mahieu, LeasePlan (Schweiz) AG

Auch wenn einige Unternehmen nach wie vor Eigentum bevorzugen, hat sich das Leasing als adäquate Finanzierungsform für Objekte, wie zum Beispiel für Firmen-, Nutz- und Kaderfahrzeuge oder für die gesamte Fahrzeugflotte, in den letzten Jahren gut etabliert. Unternehmen haben die Vorteile dieser Form der Finanzierung erkannt. Sie setzen vermehrt auf die Finanzierung der Nutzung statt auf die des Eigentums und schonen auf diese Art und Weise die Eigenmittel, die in erster Linie dazu dienen sollen, das Kerngeschäft weiterzuentwickeln. Sie sichern die Existenz und Kontinuität des Unternehmens und sind für dessen Wachstum unverzichtbar. Aus strategischer Sicht ist für viele Unternehmen das Leasing eine sinnvolle Möglichkeit, die das Wachstum zu sichern hilft. Vor allem der Effekt auf die Bilanz durch das Leasing ist nicht zu unterschätzen. Gerade vor dem Hintergrund von Basel II[1] ist es für viele Unternehmen entscheidend, dass sie mit ausreichend Eigenmitteln und Liquidität ausgestattet sind.

AUSGANGSLAGE FÜR BESSERE BILANZRELATIONEN

Die Umsetzung von Basel II verpflichtet Banken, eine Risikokategorisierung einzuführen. Bei Kreditvergaben müssen Unternehmen in einem grösseren Umfang als in der Vergangenheit Informationen über ihren Geschäftsgang der Bank gegenüber offen legen, damit ihnen bei einem gewissen Kreditvolumen weiterhin attraktive Konditionen eingeräumt werden. Entsprechend der Bonität des Kreditnehmers ist das «Pricing» dem Risiko angepasst. Unternehmen mit guter Bonität sind hier selbstverständlich im Vorteil. In Zukunft wird die Liquiditätslage eines Unternehmens noch wichtiger werden, um zu einem attraktiven Kre-

AUF EINEN BLICK

- Das Flottenleasing hat sich in den letzten Jahren in der Schweiz etabliert.
- Durch eine Leasingfinanzierung lässt sich die Eigenkapitalquote verbessern.
- Für viele Unternehmen ist die Eigenkapitalausstattung vor dem Hintergrund von Basel II wichtig.
- Die Bonität spielt bei Leasing eine wichtige Rolle.
- Ein externes Flottenmanagement hilft, die Kosten des Fuhrparks in den Griff zu bekommen.

ditrating zu kommen. Im Interesse eines Unternehmens liegt es deshalb, seine Bilanzrelationen zu verbessern, und zum Beispiel Fahrzeuge, die es bisher gekauft und bilanziert hat, so zu finanzieren, dass sich das Bilanzbild verbessert.

AUSWIRKUNG AUF DIE BILANZ

Leasing ist eine hervorragende Möglichkeit für Unternehmen, ihr Bilanzbild zu verbessern. Firmenfahrzeuge, die bisher von der Firma selbst finanziert wurden, können über ein «Full-Service-Leasing» weitergeführt werden.

Dadurch wird die Bilanz um den entsprechenden Buchwert in den Aktiven erleichtert. Ein sogenanntes «Sale-and-Leaseback»-Produkt[2] ermöglicht das. Dabei übernimmt die Leasinggesellschaft zum Beispiel die gekauften Firmenfahrzeuge oder andere Güter vom Unternehmen, um sie dem Unternehmen dann zurückzuleasen oder zu vermieten.

Aus dem unten stehenden Beispiel (Tab. 1) wird deutlich, wie der Verkauf und das Zurückleasen von bisher gekauften und in der Bilanz aktivierten Fahrzeugen über ein «Sale-and-Leaseback»-Produkt hilft, die Bilanzrelationen zu verbessern.

Das Unternehmen verkauft nun die Fahrzeuge zum Buchwert von 700 000 Franken an die Leasinggesellschaft und zahlt mit diesen freigesetzten Mitteln einen Teil seiner langfristigen Darlehen zurück (Tab. 2). Die Eigenkapitalquote verbessert sich von 25 Prozent vor auf 27 Prozent nach der «Sale-and-Leaseback»-Transaktion. Das Leasing ermöglicht auf diese Art und Weise dem Unternehmen, seine Liquidität strategisch und operativ zu planen und zu steuern.

Tab.1: Bilanzrelationen vor dem «Sale-and-Leaseback»

BILANZ Firma Muster AG			
AKTIVEN	(Datum) CHF	**PASSIVEN**	(Datum) CHF
UMLAUFVERMÖGEN	4'300'000	FREMDKAPITAL	
Total UMLAUFVERMÖGEN	4'300'000	Total kurz- und mittelfristige Verbindlichkeiten	2'000'000
ANLAGEVERMÖGEN		Total langfristige Verbindlichkeiten	4'000'000
Sachanlagen	2'000'000	Total FREMDKAPITAL	6'000'000
-Fahrzeuge	700'000		
Finanzanlagen	1'000'000	EIGENKAPITAL	2'000'000
Total ANLAGEVERMÖGEN	3'700'000	**Total EIGENKAPITAL**	2'000'000
Total AKTIVEN	8'000'000	**Total PASSIVEN**	8'000'000

Tab. 2: Bilanzrelationen nach dem «Sale-and-Leaseback»

BILANZ Firma Muster AG			
AKTIVEN	(Datum) CHF	**PASSIVEN**	(Datum) CHF
UMLAUFVERMÖGEN	4'300'000	FREMDKAPITAL	
Total UMLAUFVERMÖGEN	4'300'000	Total kurz- und mittelfristige Verbindlichkeiten	2'000'000
ANLAGEVERMÖGEN		Total langfristige Verbindlichkeiten	3'300'000
Sachanlagen	2'000'000	Total FREMDKAPITAL	5'300'000
Finanzanlagen	1'000'000	EIGENKAPITAL	2'000'000
Total ANLAGEVERMÖGEN	3'000'000	Total EIGENKAPITAL	2'000'000
Total AKTIVEN	7'300'000	Total PASSIVEN	7'300'000

Es ist durchaus möglich, dass der Verkaufspreis der Fahrzeuge über dem Buchwert liegt. Auf diese Weise kann das Unternehmen innerhalb der gesetzlichen Vorschriften stille Reserven realisieren und damit die Liquidität und Bilanzrelationen verbessern.

LIQUIDITÄTSBESCHAFFUNG MIT RISIKOAUSLAGERUNG

Ein sogenanntes «Sale-and-Rentback»-Produkt unterscheidet sich vom «Sale-and-Leaseback» dadurch, dass die Leasinggesellschaft die operativen Risiken, das Restwertrisiko, zusätzlich vom Verkäufer übernimmt und somit auch zum wirtschaftlichen Eigentümer wird.

Diese Variante kommt vor allem dann zum Einsatz, wenn die Firmenfahrzeuge zum Beispiel erst vor kurzem gekauft wurden, eine geringe Laufleistung haben und nicht älter als zwölf Monate sind.

Die Verbesserung der Bilanzrelationen ist für Unternehmen eine gute Methode, ihre Liquiditätslage zu optimieren und sie dadurch besser auszuschöpfen. Die grossen wirtschaftlichen Vorteile für nachhaltige Einsparungen liegen jedoch im Outsourcing der Gestaltung und der Verwaltung des gesamten Firmenfuhrparks.

. . . .
Das Leasing verbessert die
Bilanzrelationen eines Unternehmens.
. . . .

Die externe Verwaltung des Firmenfuhrparks kann dies besser als das Unternehmen. Sie verfügt nicht nur über die Expertise, sondern kann auch Synergien besser bündeln und Unterstützung bei der Gestaltung, Verwaltung, Budgetierung, Kostenreduzierung und Prozessoptimierung bieten. Unternehmen können sich so von diesen

Expertenbeitrag

Aufgaben entlasten und sich auf ihre eigentlichen Kernaktivitäten und -kompetenzen konzentrieren.

Unternehmen, die nach IFRS[3] oder US GAAP[4] bilanzieren, sind verpflichtet, zusammen mit ihrer Revisionsstelle die operativen Risiken sorgfältig abzuwägen. Dabei spielen Firmenfahrzeuge eine wichtige Rolle.

TRANSPARENZ UND VERGLEICHBARKEIT

Dies gilt insbesondere für Fahrzeuge, die über ein «Operating Lease» ohne Restwertrisikoübertragung finanziert werden, indem die Leasinggesellschaft dem Leasingnehmer die von ihm ausgewählte Firmenfahrzeugflotte gegen eine monatliche Leasingrate zur Verfügung stellt, die zum Beispiel Amortisation, Zinskosten und Dienstleistungen wie Reparaturen, Instandhaltung oder etwa Reifen enthält. Fallen die wirtschaftlichen Restwertrisiken am Ende der Laufzeit beispielsweise vollumfänglich beim Leasingnehmenden Unternehmen an, so gilt die Finanzierung als Finanzleasing, und die geleasten Fahrzeuge müssen in der Bilanz aktiviert werden. Dies gilt auch, wenn eine Kaufoption für den Leasingnehmer vertraglich vorgesehen ist oder wenn die Leasingraten über die totale Laufzeit die ökonomische Lebensdauer des Fahrzeuges grösstenteils abdecken. Auch mittelständische, nicht börsenkotierte Unternehmen könnten durch die Umstellung auf IFRS aufgrund der Transparenz und besseren Vergleichbarkeit bei der Kapitalbeschaffung profitieren. «Operating Lease» mit Restwertrisikoübertragung oder «Full-Service-Leasing» bieten in dieser Hinsicht einige Möglichkeiten, um das Restwertrisiko an den Leasinggeber auszulagern und das Bilanzbild zu verbessern. Ein externes Management des Fahrzeugparks kann in diesem Zusammenhang auch die entsprechende Beratung und das notwendige Know-how zur Verfügung stellen.

In Zeiten, in denen Ressourcen immer wichtiger werden und Kosten-Nutzen-Analysen sowie interne Kontrollmechanismen den unternehmerischen Alltag beherrschen, wächst die Bedeutung von Alternativen zu bekannten und herkömmlichen Finanzierungsmethoden.

---

[1]Basel II: Mit dem Stichwort «Basel II» wird die Diskussion durch den «Basler Ausschuss für Bankenaufsicht» um die Neugestaltung der Eigenkapitalvorschriften der Kreditinstitute bezeichnet. Ziel von «Basel II» ist, die Stabilität des internationalen Finanzsystems zu erhöhen. Dazu sollen Risiken im Kreditgeschäft besser erfasst und die Eigenkapitalvorsorge der Kreditinstitute risikogerechter ausgestaltet werden.
[2]Sale-and-Leaseback: Die Leasinggesellschaft erwirbt die vom Unternehmen ursprünglich gekauften Fahrzeuge, die sie dem Unternehmen oder dem Leasingnehmer dann sofort wieder vermietet.
[3]IFRS: International Financial Reporting Standards (neue Bezeichnung für IAS (International Accounting Standards) seit 2002)
[4]Gemäss Entscheidung der Zulassungsstelle der Schweizer Börse müssen ab 2005 grundsätzlich alle in der Schweiz kotierten Unternehmen die Rechnungslegung nach IFRS oder US GAAP erstellen.

Expertenbeitrag

ROLLMATERIAL-LEASING

Gino Giuliato, UBS Leasing AG

Die schweizerischen Bahnen haben mehrere Möglichkeiten, ihre Finanzierungen sicher zu stellen. Sie können sich beim eigenen Staat, auf dem Kapitalmarkt oder bei Eurofima, dem europäischen Bahnfinanzierungsinstitut, dank der Bürgschaft oder der Garantie des Staates zu günstigen Konditionen Geld für die Investition in Rollmaterial beschaffen. Die Banken gewähren in der Regel für Investitionsgüter Darlehen für maximal 10 Jahre. Dies steht im Konflikt mit der wirtschaftlichen Nutzungsdauer von Rollmaterial, die heute bei 30 und mehr Jahren liegt.

Das Finanzierungsvolumen aller KTU (Schiene und Strasse) übersteigt die Möglichkeiten kleiner bis mittlerer Banken. Es kommen daher eher Grossbanken in Frage, Geld an KTU für die Beschaffung und Finanzierung von Rollmaterial auszuleihen.

In Bezug auf eine Finanzierung von Rollmaterial ist eine differenzierte Betrachtung zwischen dem Personenverkehr und dem Güterverkehr (Cargo) zwingend. Im Gegensatz zum Personenverkehr erhält der Bereich Güterverkehr keine Abgeltungen vom Bund oder den Kantonen. Daher kommt für Investitionen im Güterverkehr nur eine konventionelle Finanzierung über den Kapitalmarkt in Frage.

GESETZESGRUNDLAGEN

Transportleistungen im Personenverkehr werden in der Schweiz durch die öffentliche Hand ausgeschrieben und konzessioniert. Jede KTU benötigt dabei eine Betriebskonzession des Bundesamtes für Verkehr sowie Streckenkonzessionen von den Kantonen. Die zentrale Rechtsgrundlage für die KTU ist das Eisenbahngesetz (EBG). Dieses regelt den Bau und Betrieb von Eisenbahnen wie auch die Beziehung zu den anderen öffentlichen Transportunternehmen und zu den öffentlichen Verwaltungen.

Die Erträge aus dem Personenverkehr erwirtschaften die KTU je zur Hälfte durch Billetverkäufe und durch Abgel-

> **AUF EINEN BLICK**
> - Für Rollmaterial, das Konzessionierte Transportunternehmen für den Personenverkehr einsetzen, ist das Leasing eine gute Finanzierungsmöglichkeit.
> - Hohe Restwertvereinbarungen sind möglich.
> - Der Zinsanteil an den Leasingraten kann variabel fixiert werden.

tungszahlungen der Besteller der öffentlichen Verkehrsleistung (Bund und Kantone). Diese Abgeltungsbestimmungen sind ebenfalls im EBG geregelt und beinhalten u.a. folgende Punkte:
- Grundsatz: Bund und Kantone gelten den KTU die ungedeckten Kosten gemäss der eingereichten Planrechnung ab.
- Abgeltungsberechtigung: KTU, deren Rechnungslegung den geltenden Vorschriften gemäss OR genügt und die eine Spartenrechnung ausweisen.
- Leistungsangebot und Bestellverfahren: Das Verkehrsleistungsangebot und die Abgeltungen für die einzelnen Sparten werden zwischen der KTU und dem Bund und Kantonen aufgrund der Planrechnung in einer Vereinbarung verbindlich festgelegt. Die KTU unterbreitet dabei den Leistungsbestellern (Bund und Kantone) ein Fahrplanangebot mit einer entsprechenden Kostendeckung, wobei das Defizit durch die Abgeltungszahlungen ausgeglichen wird.
- Aufteilung: Die Anteile von Bund und Kantonen an den Abgeltungszahlungen werden durch den Bundesrat festgelegt, wobei u.a. die Finanzkraft und die strukturellen Voraussetzungen des jeweiligen Kantons berücksichtigt werden.

FINANZIERUNGSMODUS

Der heutige Finanzierungsmodus der Bahninfrastruktur ist historisch gewachsen und entsprechend unübersichtlich. Die Strecken werden vom Bund, von den Kantonen/Gemeinden oder vom Bund und den Kantonen gemeinsam finanziert. Durch den neuen Finanzausgleich sollte im Rahmen der Bahnreform 2 eine zweigeteilte Zuständigkeitsordnung geschaffen werden. Der Bund finanziert ein Grundnetz, die Kantone das Ergänzungsnetz, Mischfinanzierungen kommen nicht mehr vor. Die Vorlage zur Bahnreform wurde im Herbst 2005 durch den National- und den Ständerat abgelehnt und an den Bundesrat zurückgewiesen. Die Umsetzung einer entsprechenden Bahnreform und eine allfällige Regelung der zukünftigen Finanzierung sind derzeit in den Räten in der Vernehmlassung.

Der Bund kann unter Mitwirkung der Kantone gemäss EBG weitere Beiträge für die Beschaffung von Rollmaterial an die KTU leisten oder verbürgen, soweit diese nicht aus Abschreibungsmitteln finanziert werden können. Zurzeit sind die für das Rollmaterial der KTU zur Verfügung stehenden Mittel innerhalb des 8. Rahmenkredits ausgeschöpft. Daher sind die KTU gezwungen, die Finanzierung mit Eigenkapital vorzunehmen oder über den Banken- und Kapitalmarkt zu beschaffen. Um die Abgeltungsberechtigung für die dabei entstehenden Kapitalkosten und Amortisationen sicherzustellen, ist die Zustimmung der Leistungsbesteller zur entsprechenden Finanzierung notwendig.

VENDOR LEASE

Markus Krug und Markus Kreis,
SG Equipment Finance Schweiz AG

Vendor Lease ist eine Form der Absatzfinanzierung, die in Europa seit zwanzig Jahren immer öfter verwendet wird und in vielen Branchen Einzug gefunden hat. Anfangs diente sie vor allem der Finanzierung von IT-Equipment, wurde dann aber rasch von der Automobilindustrie aufgenommen und findet sich heute zum Beispiel auch im Maschinenbau.

Unter Vendor Lease versteht man die Zusammenarbeit einer Leasinggesellschaft mit dem Hersteller oder Verkäufer (Englisch: Vendor) bestimmter Güter. Die Leasinggesellschaft finanziert den Absatz des Produkts, indem der Hersteller oder Verkäufer neben seinem Produkt auch gleichzeitig die Finanzierung durch ein Leasing anbietet, das über eine Leasinggesellschaft abgewickelt wird.

Im Gegensatz zum klassischen Geschäftsmodell im Leasing generiert die Leasinggesellschaft im Vendor Lease ihre Umsätze also nicht durch eine Direktakquisition des Leasingnehmers, sondern über eine Zusammenarbeit mit dem Hersteller. Abbildung 1 zeigt den Lauf der Wertschöpfungskette.

Die Leasinggesellschaft finanziert im Vendor Lease den Absatz des Vendorpartners, während sie im Direktvertrieb die Investition des Kunden finanzieren würde. Im Vendor Lease handelt es sich damit um eine Absatzfinanzierung, während andere Formen des Leasings eine Anschaffungsfinanzierung sind. Der Leasingvertrag wird aber, wie in den anderen Leasingmodellen auch, zwischen dem Kunden und der Leasinggesellschaft abgeschlossen. Der «Vendor» wiederum akquiriert die Kunden, die dann bei Bedarf auf die Finanzierung durch Leasing zurückgreifen können.

Der grosse Unterschied des Vendor Lease im Vergleich zu anderen Leasingarten liegt in der engen Zusammenar-

> **AUF EINEN BLICK**
> - Vendor Lease gibt dem Verkäufer durch die Kombination seines Produkts mit der Finanzierung einen Zusatznutzen.
> - Durch die Kombination von Kauf und Finanzierung kann die Investition durch den Kunden schneller abgewickelt werden.
> - Durch die Zusammenarbeit mit dem Hersteller kommt die Leasinggesellschaft mit einer vergleichsweise schlanken Vertriebsstruktur aus.

beit zwischen dem Hersteller oder Verkäufer eines Produkts und der Leasinggesellschaft. Sie ist zudem deutlich früher in die Wertschöpfungskette eingebunden.

Vendor Lease bietet für Hersteller, Leasinggesellschaft und Kunden eine ganze Reihe von Vorteilen:

VORTEILE FÜR DEN HERSTELLER

Durch die Kombination seines Produktes mit der Finanzierung bekommt es einen Zusatznutzen und damit einen Mehrwert für den Kunden. Er lässt sich eher zu einer Anschaffungsentscheidung bewegen, weil die Produkte der Mitbewerber einen solchen Zusatznutzen nicht anbieten, und sieht keine Veranlassung mehr, nach Alternativangeboten Ausschau zu halten.

• •

Vendor Lease bringt deutliche strukturelle Vorteile. Eine Finanzierung ist direkt beim Erwerb des Objekts möglich, die separate Suche entfällt für den Kunden. Somit können Investitionen schneller umgesetzt werden.

• •

Durch die Kombination von Verkauf und Leasing kann die Finanzierung durch den Kunden schneller organisiert und der Kauf rascher abgewickelt werden. Der «Vendor» bekommt sein Geld zu einem früheren Zeitpunkt.

Durch die «Alles aus einer Hand»-Lösung wird die Kundenbindung erhöht.

Der Kunde nimmt einen einheitlichen Marktauftritt von Produkt und dessen Finanzierung wahr.

VORTEILE FÜR DEN KUNDEN

Der Kunde erhält das Investitionsobjekt und dessen Finanzierung aus einer Hand. Er braucht sich also weder separat um die Finanzierung noch um die korrekte Erstellung von Rechnung und Kaufvertrag zu kümmern.

Dank der Kooperation mit dem «Vendor» kann die Leasinggesellschaft in der Kalkulation von einem höheren Restwert ausgehen. Der Vendor garantiert in der Regel die Rücknahme des geleasten Gegenstands. Das reduziert die finanzielle Belastung des Kunden.

VORTEILE FÜR DIE LEASINGGESELLSCHAFT

Das Angebot der Finanzierung durch den Hersteller ermöglicht der Leasinggesellschaft, eine deutlich kleinere Vertriebsstruktur zu unterhalten, als wenn sie selbst akquirieren müsste.

Dank der engen Kooperation mit dem Hersteller kann die Leasinggesellschaft innovative Finanzierungskonzepte anbieten. Dazu gehören zum Beispiel ein Leasingrahmen mit technischer Aktualisierungsoption, ein Full-Service-Lease oder auch Modelle, die dem Operating Lease ähnlich sind. Durch die enge Zusammenarbeit mit dem Hersteller besitzen die Objekte eine etwas höhere Wertbeständigkeit, was sich vorteilhaft auf die monatli-

Abb. 1: Die Wertschöpfungskette im Leasing

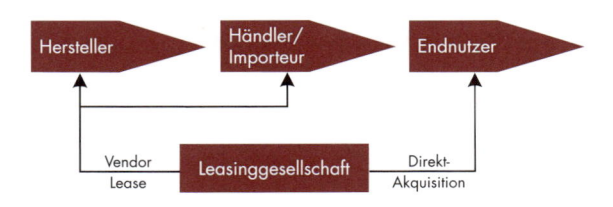

```
Hersteller  →  Händler/     →  Endnutzer
               Importeur
    ↑              ↑
    |              |
    | Vendor   Leasinggesellschaft   Direkt-
    | Lease                          Akquisition
```

chen Leasingraten auswirkt. Eine Vendor-Partnerschaft generiert also für alle beteiligten Parteien einen deutlichen Mehrwert und ist somit äusserst attraktiv. Immer mehr Hersteller und Importeure von Investitionsgütern aus den verschiedenen Branchen rufen solche Kooperationen mit Leasinggesellschaften ins Leben. Sie ist vor allem durch einen stark internationalen Charakter geprägt. Waren es in den USA anfänglich die grossen Hersteller von IT-Equipment, welche mit Finanzierungsgesellschaften Vendorpartnerschaften eingingen, wurde diese Idee in Europa ursprünglich vor allem von den grossen Automobilherstellern zur Finanzierung ihres eigenen Absatzes aufgenommen.

VENDOR LEASE IST ETABLIERT

Wegen deren traditioneller Vorreiterrolle hat sich das Modell etabliert und wird heute auch von grossen und mittleren Maschinenherstellern, Nutzfahrzeugbauern bis hin zu Herstellern kleinerer Investitionsgüter eingesetzt. Ein wesentliches Kriterium bei der Wahl des finanzierenden Partners ist vor dem Hintergrund der zunehmenden Globalisierung des Geschäfts dessen internationale Präsenz.

Der Hersteller zieht es vor, überall mit dem gleichen Partner zu agieren, um überall einen einheitlichen Marktauftritt und eine einheitliche Abwicklung der Finanzierungen sicherzustellen. Die Vendorkooperation basiert primär auf einem Rahmenvertrag, der zwischen der Leasinggesellschaft und dem Vendorpartner abgeschlossen wird und der die Eckpunkte der Partnerschaft festlegt. Solche Kooperationen sind in den verschiedenen Ausgestaltungen denkbar: Die Kooperation zwischen Vendorpartner und Leasinggesellschaft kann im einfachsten Fall eine reine Vermittlerbeziehung sein, bei der der Vendor der Leasinggesellschaft lediglich den Finanzierungswillen eines Kunden mitteilt und die Leasinggesellschaft danach alle weiteren Schritte unternimmt. Deutlich enger ist die Kooperation bereits beim Co-Branding, bei dem der Leasingvertrag das Logo des Vendors trägt. Die Identifikation des gebotenen Mehrwerts durch den Kunden steigt, und die Kundenbindung wird somit stärker. Bei einer «Same Name»-Struktur schliesst der Vendorpartner nach erfolgter Finanzierungszusage durch die Leasinggesellschaft einen eigenen Leasingvertrag mit dem Kunden ab und verkauft diesen dann an die Leasinggesellschaft. Beim «White Label» agiert die Leasinggesellschaft unter dem Namen des Vendorpartners, und der Kunde nimmt die Leasinggesellschaft zu keinem Zeitpunkt mehr wahr. Beim Joint-Venture schliesslich, der stärksten Form der Kooperation, wird eine gemeinsame Finanzierungsgesellschaft gegründet, die die Finanzierungen unter dem Label des Vendorpartners übernimmt (so kann als Beispiel eine Meier AG zusammen mit ihrem Finanzierungspartner eine Meier Finance GmbH ins Leben rufen). Die Joint-Venture-Gesellschaft wird in der Regel die operative Plattform der Leasinggesellschaft nutzen. Normalerweise wird eine Kooperation auf einem lockeren Niveau anfangen und sukzessive enger werden, denn je enger die Partner zusammenarbeiten, umso grösser wird der generierte Mehrwert sein. Vendor Lease bringt deutliche strukturelle Vorteile. Eine Finanzierung ist direkt beim Erwerb des Objekts möglich, die separate Suche entfällt für den Kunden. Somit ist die Dauer der Investitionsumsetzung kürzer. Der Kunde erhält zu seiner Investition einen deutlichen Mehrwert, was seine Bindung an den Hersteller verstärkt.

Die Leasinggesellschaft profitiert von der Synergie mit dem Vertriebsnetz des Herstellers und kann den Objekten eine höhere Werthaltigkeit und Wertbeständigkeit beimessen, was ihr ermöglicht, besser auf die Kundenwünsche einzugehen.

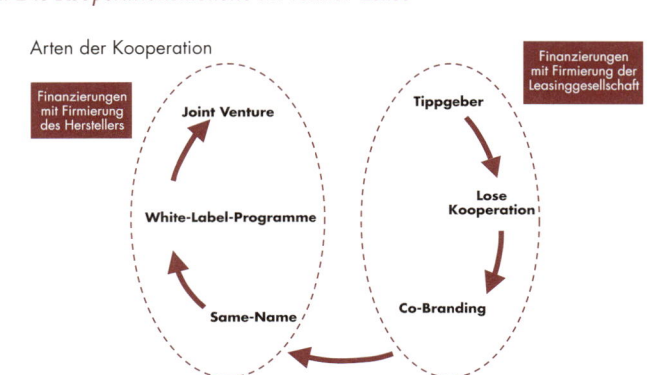

Abb. 2: Die Kooperationsmodelle im Vendor Lease

FINANZLEASING: DIE ROLLE DER BANKEN UND DIE BEDEUTUNG DER RECHNUNGSLEGUNG

Michael Schneebeli, Audit Financial Services, KPMG

Unternehmen, die vom Finanzierungsleasing Gebrauch machen, verschaffen sich damit Flexibilität, um strategische Entscheide in einem dynamischen Marktumfeld rechtzeitig umsetzen zu können. Charakteristisch für das Finanzierungsleasing ist, dass der Leasinggeber Eigentümer des Leasingobjektes bleibt und eine frühzeitige Kündigung des Vertrages nicht möglich ist. Damit trägt der Leasingnehmer auch das Investitionsrisiko. Im Weiteren werden Pflege, Wartung und Reparatur und allfällige Versicherungen in der Regel vom Leasingnehmer getragen. Häufig sieht der Vertrag auch eine Kaufoption zu einem im Voraus bestimmten Restwert vor. Insofern kommt das Finanzierungsleasing einem kreditfinanzierten Kauf sehr nahe.

Der grösste Vorteil im Vergleich zu traditionellen Formen der Innen- und Aussenfinanzierung liegt in der liquiditätsschonenden bzw. -sichernden Wirkung. Das Wunschobjekt oder -produkt kann ohne Eigenmittel und ohne zusätzliches Fremdkapital beschafft werden, weil die Leasinggesellschaft die Finanzierung vollständig übernimmt. Dafür lässt sie sich allerdings auch in Form von Zinsen entschädigen. Seine liquiden Mittel stehen dem Leasingnehmer somit für andere betriebliche Prozesse und unternehmerische Vorhaben zur Verfügung. Das Finanzierungsleasing wird oftmals indirekt angeboten, indem der Händler oder Hersteller mit einer entsprechenden, spezialisierten Leasinggesellschaft oder einer Bank zusammenarbeitet.

RECHNUNGSLEGUNG VON FINANZIERUNGSLEASING

Entscheidend für die Bilanzierung von Leasingverträgen ist die Frage der Zurechnung des Leasinggegenstandes. Die Klassifizierung richtet sich danach, welche Vertragspartei überwiegend die Risiken und Chancen trägt, die sich aus der Nutzung des Leasinggegenstandes ergeben. Die Beurteilung wird dabei in der Regel für Leasingnehmer und Leasinggeber jeweils getrennt durchgeführt.

Sowohl unter internationalen Rechnungslegungsnormen (IFRS und US GAAP) als auch unter nationalen (Swiss GAAP FER) wird der Leasinggegenstand beim Leasingnehmer als Eigentum einerseits und als Verpflichtung aus Leasinggeschäften anderseits bilanziert. Er wird über die wirtschaftliche Nutzungsdauer abgeschrieben bzw. amortisiert. Die Leasingrate beinhaltet eine Zins– und Amortisationskomponente. Beim Leasinggeber finden die zu bezahlenden Leasingraten als Forderung gegenüber dem Leasingnehmer Eingang in die Bilanz. Um die Werthaltigkeit des Leasingobjektes zu überprüfen, schreiben sowohl nationale als auch internationale Rechnungslegungsstandards ein so genanntes «Impairment Testing» vor.

SCHWEIZER RECHT GIBT MEHR HANDLUNGSSPIELRAUM

Bei Wertminderungen des Leasingobjektes müssen ausserplanmässige Abschreibungen vorgenommen werden. Internationale und nationale Rechnungslegungsstandards unterscheiden sich bei der Bewertung der Forderung aus dem Leasingvertrag und auch bei der Festlegung der Kriterien für die Klassifizierung des Leasinggeschäftes als operatives Leasing oder Finanzierungsleasing. Die internationalen Normen schreiben eine Bewertung des Leasinggegenstandes zum Markwert vor.

Die Kriterien zur Klassifizierung von Leasinggeschäften sind in den internationalen Rechnungslegungsstandards genau definiert und basieren auf vorgeschriebenen Methoden. Die Schweizer Rechnungslegungsstandards (Schweizer Obligationenrecht (OR), RRV-EBK und Swiss GAAP FER) lassen mehr Spielraum für Interpretationen.

Durch die Harmonisierung der Rechnungslegungsstandards der vergangenen Jahre haben sich die Unterschiede in der Rechnungslegung reduziert.

Es ist zu beobachten, dass sich die Schweizer Rechnungslegung jedoch den internationalen Standards anpasst - insbesondere dadurch, dass die Leasinggebergesellschaften oft in einen Konzernverbund gehören, der nach IFRS oder US GAAP abschliesst. Durch die Angleichung der Schweizer Rechnungslegung wird somit ein «Dual Accounting», zumindest für das Leasinggeschäft an sich, vermieden.

AUF EINEN BLICK

- Das Leasinggeschäft kann durch die neuen Eigenmittelvorschriften für Banken (Basel II) an Attraktivität gewinnen, da bei ihm gegenüber dem Kredit der geringe Einsatz von eigenen Mitteln eine positive Auswirkung auf das Rating des Leasingnehmers und somit dessen Finanzierungskosten hat.
- In Zukunft werden spezialisierte Leasinggesellschaften ihr Angebot neben der eigentlichen Finanzierung noch durch weitere Dienstleistungen erweitern.
- Die nationalen Rechnungslegungsstandards haben sich im Bereich Leasing bereits den internationalen Standards angenähert.

BASEL II UND DAS KONSUMKREDITGESETZ

Die seit dem 1. Januar 2008 geltende Eigenkapitalvereinbarung (Basel II), insbesondere die angepassten Vorschriften zur Eigenmittelunterlegung bei den Banken, kann die Vorteile des Leasings in der Zukunft noch verstärken. Dies gilt jedoch nur, sofern die Banken einen auf internen Ratings basierenden (IRB) Ansatz für die Eigenmittelberechnung anwenden.

Das Finanzierungsleasing alleine qualifiziert an sich nicht als Banktätigkeit im Sinne des Bankengesetzes. Deshalb kann es ohne eine entsprechende Lizenz und dementsprechende organisatorische Anforderungen betrieben werden.

Dabei werden bei guten Ratings von Kreditnehmern die Eigenmittelanforderungen gegenüber der alten Regelung sinken. Grundsätzlich sollten die Eigenmittelanforderungen bei Banken, über alle Institute hinweg gesehen, aber nicht abnehmen. Der Eigenmittelbedarf für Leasingnehmer mit schlechtem Rating steigt zwar an, hingegen ist eine Reduktion von Quersubventionierung zwischen bonitätsmässig einwandfreien und weniger guten Kreditkunden zu erwarten, was den Effekt wahrscheinlich glättet.

Bei den Leasinggebern selbst (u.a. spezialisierten Leasinggesellschaften) können jedoch, sofern sie sich über Banken refinanziert haben, welche die internen Ratings zur Eigenkapitalunterlegung herbeiziehen, höhere Refinanzierungskosten anfallen und somit die Ertragslage von Leasinggesellschaften negativ beeinflussen. Sie können aber auch die Refinanzierungsmöglichkeiten bei Banken insgesamt einschränken. Die in der Regel tiefe Eigenkapitalausstattung von Leasinggesellschaften kann diesen Effekt noch verstärken.

Von dieser Entwicklung werden jedoch zurzeit nur Kunden bei den Schweizer Grossbanken, einer Kantonalbank und möglicherweise von Tochtergesellschaften ausländischer Bankkonzerne in der Schweiz betroffen sein, die den IRB-Ansatz verwenden.

Leasingverträge gegenüber Privatpersonen werden vom Gesetzgeber als Konsumkredit klassifiziert. Dadurch müssen auch spezialisierte Leasinggesellschaften die Bewilligungsvoraussetzungen für Kreditgewährung und Kreditvermittlung gemäss Konsumkreditgesetz erfüllen sowie über entsprechendes Eigenkapital im Verhältnis der ausstehenden Konsumkredite (Leasingforderungen) verfügen.

ROLLE DER BANKEN

Für die Banken ergänzt das Leasinggeschäft ihr Dienstleistungsangebot. Typischerweise wird das Leasinggeschäft aus Risikoüberlegungen aber auch aus Gründen des Marktauftrittes in separaten Tochtergesellschaften geführt. Für Spezialfinanzierungen, wie zum Beispiel für die von Flugzeugen, werden auch nicht konsolidierte «Special Purpose Vehicles» benutzt.

Ein Finanzierungsleasing mit einer Bank abzuschliessen, bietet in der Regel keine wesentlichen Vorteile, da eine Mehrheit der Banken wiederum Verträge mit spezialisierten Leasinggesellschaften abgeschlossen hat, die dieses Geschäft betreiben, und die Finanzierung somit nur indirekt durch die Banken vorgenommen wird.

ROLLE DER SPEZIALISIERTEN LEASINGGESELLSCHAFTEN

Das Finanzierungsleasing alleine qualifiziert an sich nicht als Banktätigkeit im Sinne des Bankengesetzes. Deshalb kann das Geschäft auch ohne eine entsprechende Lizenz und demenstprechende organisatorische Anforderungen durchgeführt werden. Spezialisierte Leasinggesellschaften haben somit gewisse Kostenvorteile gegenüber Banken. Andererseits sind die Kosten für die Kapitalbeschaffung sowie die Höhe des zur Verfügung gestellten Kapitals begrenzt. Im Vergleich zu Banken bieten Leasinggesellschaften im weiteren einen umfassenden Service an. Spezialisierte Leasinggesellschaften sind in der Regel eng mit entsprechenden Industriebetrieben verbunden, wo Verkauf, Finanzierung und Unterhalt von Objekten und Produkten aus einer Hand angeboten werden können. Die Leistungsangebote der Banken und spezialisierten Leasinggesellschaften ergänzen sich. In einigen Fällen treten sie aber auch als Konkurrenten auf.

IFRS: International Financial Reporting Standard. IAS 17 regelt insbesondere die Verbuchung von Leasinggeschäften.

US GAAP: US Generally Accepted Accounting Principles; SFAS 13, SFAS 28, SFAS 98 und SFAS 145 sowie eine Reihe von Interpretationen dieser Standards regeln die Behandlung von Leasingverhältnissen.

Swiss GAAP FER: Fachempfehlung für Rechnungslegung (Anwendbar für SWX-kotierte Unternehmen, welche nicht IFRS oder US GAAP anwenden, und für mittelgrosse Organisationen mit nationaler Ausstrahlung). Swiss GAAP FER 13 regelt die Behandlung von Leasinggeschäften beim Leasingnehmer.

RRV-EBK: Rechnungslegung für Banken und Effektenhändler (Anwendbar für alle EBK-regulierten Banken und Effektenhändler), i.d.R. lehnt sich die Verbuchung an IFRS oder US GAAP an.

Expertenbeitrag

ENERGIESPAR-CONTRACTING LEASING: MIT ENERGIESPAREN DAS LEASING FINANZIEREN

Christian Looser, AIL Swiss-Austria Leasing AG, Glattbrugg

Beim Energiespar-Contracting Leasing wird die Investition in neue und effizientere Energietechnik durch die eingesparten Kosten finanziert. Es ist eine liquiditätsschonende Möglichkeit für ein Unternehmen, zum Beispiel auf eine energieffizientere Heizung oder Kühlung umzusteigen.

Spätestens seitdem ab Mitte des Jahres 2007 die Energiepreise deutlich angestiegen sind, drücken die Heiz-, Kühl- oder Stromkosten zunehmend. Viele Unternehmen widmen sich deshalb verstärkt dem Thema Kosteneinsparung durch effizientere Heiztechnik oder den Umstieg auf regenerative Energiequellen, um von den teuren fossilen Brennstoffen etwas unabhängiger zu werden.

•••••••••••••••••••••••••••

Beim Contracting kauft der Kunde nicht mehr Öl, Gas oder Strom, sondern bezieht lediglich die Nutzenergie als Wärme, Kälte oder Licht zu einem vertraglich vereinbarten Preis.

•••••••••••••••••••••••••••

Die Energie wird nicht nur durch die gestiegene Nachfrage und den Anstieg der Notierungen für Öl oder Gas an den internationalen Märkten immer teurer, auch andere Faktoren wirken sich auf den Preis aus. Die Diskussion um die Klimaerwärmung und die Reduktion des Kohlendioxid-Ausstosses sorgt zusätzlich dafür, dass das Thema Energiekosten für Unternehmen – wie auch für Private – immer wichtiger wird: Eine Lenkungsabgabe auf Kohlendioxid-Emissionen, die in der Schweiz im Gespräch ist, sorgt zum Beispiel dafür, dass klimaschädliche Formen der Energiegewinnung finanziell zusätzlich belastet werden.

INVESTITIONEN INS ENERGIESPAREN

Ein Unternehmen, das ineffizient und mit den falschen Methoden Energie für seine Liegenschaften erzeugt, verbrennt Geld. Ein Unternehmen, das heute nicht die Grundlagen schafft, um in Zukunft mit weniger Energie auszukommen, hat vielleicht schon morgen Schwierigkeiten, durch die immer weiter steigenden Energiepreise die Unterhaltskosten für seine Liegenschaft in den Griff zu bekommen. Ausserdem verschlechtert es mit einem nicht optimalen Umgang mit der Energie seine künftigen Ertragschancen und reduziert sein Anlagevermögen in der Bilanz. Vieles deutet darauf hin, dass die Wertentwicklung von Immobilien künftig ganz entscheidend von deren Energieeffizienz abhängen wird.

ERST INVESTIEREN, DANN SPAREN

Wer Energie spart, sei es durch eine effizientere Heizung oder den Rückgriff auf erneuerbare Energiequellen, wie beispielsweise Sonne, Erd- oder Umgebungswärme senkt die laufenden Energiekosten und kann zudem noch mit einem höheren Verkaufspreis oder einer einfacheren Vermietung seiner Liegenschaft rechnen. Energie zu sparen zahlt sich deshalb aus. Doch bevor sich der Effekt in der Kasse auswirkt, sind fast immer hohe Investitionen nötig. Die Einsparungen werden, so der Hintergedanke, die Investitionskosten im Laufe der Zeit amortisieren. Für jedes Unternehmen stellt sich die Frage, ob es für die Finanzierung auf Eigenmittel zurückgreifen möchte, eine Hypothek aufnehmen will oder eine andere Finanzierungsform zurückgreifen will.

Für die Finanzierung der technischen Anlage bietet sich eine Leasinglösung an. Mit einem speziellen Energiespar-Contracting Leasing schafft die AIL Swiss-Austria Leasing AG die Möglichkeit, liquiditätsschonend energieeffiziente Lösungen Energieanlagen zu installieren. Mit dem Leasing werden Investitionen in die eigentliche Energietechnik finanziert. Andere Massnahmen zum Energiesparen, wie etwa eine Isolation können so nicht finanziert werden.

Für das Energiespar-Contracting-Leasing gibt es die erst in den letzten Jahren entwickelte Leasingvariante, die in Deutschland und Österreich bereits weite Verbreitung gefunden hat. Sie ist von der österreichischen Raiffeisen, der Mutter der AIL, vorangetrieben worden. In der Schweiz stehen die Anbieter bereits in den Startlöchern. Das Energiespar-Contracting-Leasing hat den Vorteil, dass es nicht nur die Finanzierung sicherstellt, sondern auch dafür sorgt, dass das «Energiemanagement» einer Immobilie professionell betrieben wird.

Das Energiespar-Contracting-Leasing bietet die Kombination von Finanzierung und dem Contracting, dem Outsourcing der Energieanlagen und ihres Betriebs. In einem partnerschaftlichen Leistungsverbund finden sich die Finanzierung, der Bau, der Betrieb, die Wartung und Instandhaltung von Energieanlagen, die Absicherung der Bau- und Betriebsrisiken unter einem Dach. Dabei arbeiten zum Beispiel Leasinggesellschaften, Energieversorger, Anlagebauer, Gebäudetechnik- und Facility Management-Firmen mit Versicherungsgesellschaften und Contracting-Agenturen zusammen. Für den Kunden ist der Nutzen klar: Er profitiert von einem professionellem Management seiner Energieanlagen und braucht sich um die Finanzierung nicht separat zu kümmern.

Beim Contracting kauft der Contractingnehmer nicht mehr Öl, Gas oder Strom, sondern bezieht lediglich die Nutzenergie als Wärme, Kälte oder Licht zu einem vertraglich vereinbarten Preis. Sämtliche Investitions- und Betriebsrisiken werden vom Contractor getragen. Der Kunde stellt lediglich die Räumlichkeiten für die Heizanlage oder etwa die Dachfläche für Sonnenkollektoren zur Verfügung.

Beim Energiespar-Contracting-Leasing refinanzieren die Einsparungen die Investitionen in die neue Energietechnik.

Beim Contracting hat der Kunde immer noch die Wahl des Energielieferanten und kann die Offerte mit dem besten Preis-Leistungsverhältnis auswählen und damit die Kosten weiter senken.

Für Contractor und den Contractornehmer hat die Finanzierung mit einem Leasingmodell eine Reihe von Vorteilen: Zu den wichtigsten gehört, dass sie das Eigenkapital für die Investitionen nicht angreifen und auch ihre Kreditlimiten bei den Hausbanken nicht strapazieren müssen.

Damit bleibt ihnen genügend Spielraum, Eigenmittel und den Kreditrahmen für andere unternehmerische Investitionen schonen zu können. Die vertraglich festgelegten, nutzungsadäquaten Zahlungen der Leasingkosten helfen den Unternehmen, ihre Liquidität optimal zu steuern.

Für Contractingunternehmen sind die Leasingmodelle darüber hinaus interessant, da die Firmen bei ihren Rentabilitätsüberlegungen von einem anderen Zeithorizont ausgehen, als es die Finanzdienstleister tun. Während sie einen Zeithorizont von etwa fünf Jahren haben, orientieren sich die Contractingfirmen an der Gesamtnutzungsdauer einer Energieanlage, die mit zehn bis fünfzehn Jahren zwischen zwei- und dreimal so lang sein kann. Dadurch sind die «Pay-back»-Erwartungen der Contractingunternehmen auch anders, und eine aus der Sicht des Energieverbrauchers «unrentable» Anlage kann sich für ihn oft als wirtschaftlich sehr interessant erweisen.

AUF EINEN BLICK

- Die steigenden Energiekosten belasten Unternehmen in zunehmendem Masse.
- Effizientere Methoden der Energiegewinnung sind nur mit hohen Investitionen nötig, die die Liquidität oder die Kreditlimiten beeinträchtigen.
- Ein Contracting-Unternehmen übernimmt den Betrieb der Energieerzeugung und die dazu nötigen Investitionen. Der Kunde zahlt immer einen vertraglich vereinbarten Endpreis.
- Mit dem Energiespar-Contracting-Leasing besteht die Möglichkeit, die Contracting-Leistung über Leasing zu finanzieren.

Expertenbeitrag

ENERGIEVERBRAUCH SINKT

Weil die Contractor-Firmen hoch spezialisierte Unternehmen sind, die über ein grosses Know-how auf dem Gebiet der Energietechnik und der Möglichkeiten der Energieeinsparung verfügen, setzen sie moderne, effiziente und optimale Anlagen ein. Das sorgt dafür, dass der Energieverbrauch deutlich sinkt. Beim Contracting sind Planer, Ersteller und der Betreiber der Anlage wirtschaftlich identisch. Deshalb wird besser und verstärkt in rationelle Heiztechniken investiert.

Durch das Know-how des Contractors sinken die Energiekosten.

Die Gefahr, dass in überdimensionierte Anlagen investiert wird, die zuviel kosten und deshalb zu wenig bringen, ist durch die Professionalität des Contractors gering. Er wird Energieanlagen wählen, die über einen optimalen Wirkungsgrad verfügen. Das liegt in seinem ureigensten Interesse, denn das Geschäftsmodell des Contractings basiert darauf, dass der Anbieter die Energie zu einem so tiefen Preis wie möglich zur Verfügung stellt.

Anders gesagt: Er lebt von der eingesparten Energie.

Durch das Know-how des Contractors sinken auch andere Kosten, wie etwa jene für das Risikomanagement. Weil er von einem Skaleneffekt profitiert und die Anlagen zahlreicher Kunden betreut, ist der Personaleinsatz optimal. Das Personal wird effizienter eingesetzt und beherrscht die Technik professionell.

So sinken in einem Contractingmodell die Betriebs- und Wartungskosten. Ein Unternehmen, das in seiner eigenen Liegenschaft, sei es ein Bürogebäude oder eine Produktionsanlage, selbst für den Betrieb und Unterhalt sorgen will, kann dies in aller Regel nicht zu so günstigen Bedingungen tun wie der professionelle Contractor. Zudem profitiert das Contractingunternehmen von seiner Marktmacht und standardisierten Prozessen. Die Beschaffung wird durch den direkten Einkauf günstiger. Setzt es auf vorgefertigte Anlagen, die sich modular zusammensetzen und vor Ort rasch montieren lassen, kann es weitere Einsparpotentiale nutzen. Beim Energiespar-Contracting-Leasing refinanzieren die Einsparungen die Investitionen in die neue Energietechnik.

Expertenbeitrag

DIE ZUKUNFTSPERSPEKTIVEN DES LEASING IN DEN ZEITEN DER SUBPRIMEKRISE

Prof. Dr. Thomas Hartmann-Wendels, Forschungsinstitut für Leasing an der Universität zu Köln

Die Finanzwelt wird seit Mitte 2007 durch eine der schwersten Bankenkrisen, die es in den letzten Jahrzehnten gegeben hat, erschüttert. Die Folgen dieser Krise werden noch lange zu spüren sein. Auch Leasinggesellschaften werden davon betroffen sein. Die Subprimekrise hat zu einem massiven Schrumpfen der Eigenkapitalbasis des Bankensektors geführt. Die Fähigkeit der Banken, neue Risikopositionen einzugehen, ist in erheblichem Masse beeinträchtigt. Dies betrifft in erster Linie Kreditrisiken, da von diesen mit Abstand der grösste Bedarf an Eigenmittelunterlegung ausgeht. Für das Leasing bedeutet dies Chance und Risiko zugleich: Chance deshalb, weil eine Verschärfung der Kreditvergabepolitik, die jetzt schon spürbar wird, mehr Unternehmen auf das Produkt Leasing aufmerksam werden lässt. Andererseits wird es für Leasinggesellschaften auch schwieriger werden, ihre Refinanzierung sicher zu stellen. Banken werden sich auch Leasinggesellschaften gegenüber restriktiver zeigen, hinzu kommt, dass der Markt für Verbriefungstransaktionen fast zum Erliegen gekommen ist.

Gerade die Verbriefung von Leasingforderungen und/oder von Restwerten hat sich in den letzten Jahren als Alternative zur Refinanzierung über Bankdarlehen etablieren können [1].

TRANSPARENZ DER RISIKEN

Auch wenn der Handel mit Verbriefungstranchen wieder in Gang kommen wird, so werden doch die Rahmenbedingungen andere sein: Kreditrisiken werden nur sehr eingeschränkt gehandelt werden, darüber hinaus wird Transparenz der Risiken eine

AUF EINEN BLICK

- Durch die Subprimekrise ist die Eigenkapitalbasis der Banken massiv geschrumpft.
- Durch die Verschärfung der Kreditvergabe wird Leasing für viele Unternehmen interessant.
- Das Risikomanagement bekommt eine grössere Bedeutung.
- Im Falle einer Insolvenz ist der Verlust bei Leasing geringer als bei einer Finanzierung durch Kredit.
- Die Leasingquote in der Schweiz liegt unter dem internationalen Durchschnitt.

zentrale Voraussetzung sein, um für verbriefte Forderungen Käufer zu finden. Komplexe Strukturen mit Mehrfachverbriefungen, bei denen ein Investor nicht mehr nachvollziehen kann, welche originären Kreditrisikopositionen darin enthalten sind, dürften der Vergangenheit angehören. Stattdessen wird es darauf ankommen, durchschaubare Transaktionen mit geringem Risikopotenzial an den Markt zu bringen. Leasing bringt hierfür gute Voraussetzungen mit: Das Leasinggeschäft ist relativ risikoarm, Aussonderungsrecht und Verwertungskompetenz sichern den Leasinggesellschaften hohe Rückflüsse bei Ausfall eines Leasingnehmers. Um das geringe Risikopotenzial auch nach aussen glaubhaft dokumentieren zu können, bedarf es eines entwickelten Risikomanagements, das alle Risikopositionen erfasst und aus dem sich eine Gesamtrisikoposition des Leasingportefeuilles oder von Teilen davon ermitteln lässt.

RISIKOMANAGEMENT

Zentraler Ansatzpunkt des Risikomanagements sind zum einen Ratingsysteme, mit deren Hilfe das Ausfallrisiko des Leasingnehmers beurteilt werden kann, und zum anderen das Management von Objektrisiken. Hinzu kommen Zinsänderungs- und Liquiditätsrisiken, denen durch eine annähernd fristenkongruente Refinanzierung am besten begegnet werden kann.

Das Management von Objektrisiken stellt eine Besonderheit des Leasinggeschäfts dar. Bei der Mehrzahl der Leasingverträge trägt der Leasinggeber zumindest teilweise das Restwertrisiko.

Das Leasinggeschäft hat relativ wenige Risiken. Aussonderungsrecht und Verwertungskompetenz sichern den Leasinggesellschaften auch beim Ausfall eines Leasingnehmers hohe Rückflüsse.

Die erfolgreiche Verwertung von gebrauchten Leasingobjekten stellt eine Kernkompetenz von Leasinggesellschaften dar und ist zugleich ein wichtiger Baustein für die Überlegenheit von Leasing gegenüber anderen Formen der Investitionsfinanzierung. Zum einen wird der Leasingnehmer von der Aufgabe entlastet, für die Verwertung seiner Maschinen und Anlagen selbst sorgen zu müssen, zum anderen ermöglicht die Verwertungskompetenz des Leasinggebers die Realisation von Investitionen in Fällen, in denen Banken aufgrund des hohen Risikos eine Finanzierung nicht mehr darstellen können. Da der Leasinggeber als rechtlicher Eigentümer im Insolvenzfall zügig auf das Leasingobjekt zugreifen kann, hat er die Möglichkeit, seine Expertise in der Verwertung gebrauchter Objekte dazu zu nutzen, einen höheren Verwertungserlös zu erzielen. Empirische Studien zeigen, dass der LGD (loss given default), d. h. der Verlust im Insolvenzfall, von ausgefallenen Leasingverträgen signifikant niedriger ist als von notleidend gewordenen Krediten. Hauptbestandteil der Rückflüsse im Insolvenzfall sind die Erlöse aus der Objektverwertung.[2] Der Vorteil höherer Rückflüsse im Insolvenzfall wirkt sich auf die Bereitschaft des Leasinggebers, Investitionen durch Leasing zu realisieren, positiv aus und kommt somit letztlich dem Leasingnehmer zugute. Insbesondere lassen sich auch Risiken aus der Finanzierungsbeziehung wie z. B. Moral-Hazard-Probleme besser lösen, wenn der Leasinggeber eine starke Stellung im Insolvenzfall hat. Eine überlegene Verwertungskompetenz ist daher ein zentrales Element für die Vorteilhaftigkeit des Leasings gegenüber anderen Finanzierungsformen.

Wichtig bleibt die Frage der Bilanzierbarkeit des Leasings.

Um Restwertrisiken zuverlässig schätzen zu können, bedarf es einer soliden Datenbasis. Erfasst werden müssen neben vertragsspezifischen Merkmalen vor allem Höhe, Art und Zeitpunkt eingehender Zahlungen aus der Objektverwertung, und zwar getrennt nach einzelnen Objektarten. Werden diese Daten sowohl für ordnungsgemäss beendete als auch für ausgefallene Leasingverträge erhoben, können Verlustverteilungen durch Simulationsverfahren erzeugt werden, die Aussagen über die Ausfallrisiken des Leasingportfolios ermöglichen.[3]

RAHMENBEDINGUNGEN

Die Leasingquote in der Schweiz liegt unter dem internationalen Durchschnitt. Leasing hat somit in der Schweiz ein enormes Wachstumspotenzial, dies verdeutlichen die Wachstumsraten der letzten Jahre. Damit Leasing seine Vorteile auch ausspielen kann, kommt es darauf an, dass die rechtlichen Rahmenbedingungen stimmen. Gefahren drohen auch hier als Folge der Subprimekrise. Zu befürchten ist, dass der Ruf nach stärkerer Regulierung als Folge der Subprimekrise nicht nur auf Banken beschränkt bleibt, sondern auch andere Finanzunternehmen erfasst. Eine bankenähnliche Regulierung von Leasinggesellschaften verursacht enorme Kosten, ohne dass ein Nutzen erkennbar ist. Die Beaufsichtigung von Banken lässt sich mit dem Einlegerschutz sowie mit einer systemimmanenten Instabilität des Bankensektors rechtfertigen. Da Bankeinlagen kurzfristig sind, diese Gelder jedoch in überwiegend langfristige und zum Teil illiquide Assets investiert werden, besteht immer die Gefahr, dass mangelndes Vertrauen in die Sicherheit der Einlagen zu massiven Abflüssen und damit zur Illiquidität von Banken führt. Für Leasinggesellschaften trifft diese Argumentation nicht zu. Leasinggesellschaften betreiben kein Einlagengeschäft, zudem kann Leasing als relativ risikoarmes Geschäft angesehen werden. Sollte dennoch eine Leasinggesellschaft ausfallen, bleiben die Rechte der Leasingnehmer davon unberührt, Banken als Kreditgeber von Leasinggesellschaften unterliegen ohnehin der Bankenaufsicht. Somit ist weder ein schutzwürdiger Personenkreis zu erkennen noch gibt es Hinweise auf systemische Risiken.

AUSWIRKUNGEN AUF DIE BILANZ

Wichtig für Leasing bleibt die Frage der Bilanzwirksamkeit. Bedeutung haben vor allem die IAS/IFRS, die zunehmend die nationalen Rechnungslegungsstandards beeinflussen. Zurzeit gibt es Bestrebungen, den geltenden IAS 17 «Accounting for Leases» zu reformieren. Demnach soll die Bilanzwirksamkeit künftig nicht mehr danach beurteilt werden, wer die Chancen und Risiken aus dem Leasingobjekt überwiegend trägt, sondern es sollen Nutzungsrechte und die damit verbundenen Verpflichtungen bilanziert werden. Dies führt dazu, dass Leasingverträge grundsätzlich beim Leasingnehmer bilanzwirksam werden. Das Leasingobjekt wird aber nicht in voller Höhe angesetzt, sondern entsprechend der Laufzeit des Leasingvertrags. Damit soll verhindert werden, dass Leasingverträge in geeigneter Weise gestaltet werden, um bestimmte Bilanzwirkungen zu erzeugen. So sinnvoll dieser Ansatz auf den ersten Blick erscheint, birgt er doch Probleme. Insbesondere die Komplexität der Bilanzierung von Leasingverträgen nimmt drastisch zu, da gemäss des Komponentenansatzes nicht nur das Nutzungsrecht und die damit verbundenen Verpflichtungen bilanziert werden müssen, sondern auch alle sonstigen Vertragsbestandteile wie z.B. Kauf- oder Mietverlängerungsoptionen und Instandhaltungsverpflichtungen. Dies führt zu einer Bilanzaufblähung, darüber hinaus ist zu befürchten, dass Leasing an Attraktivität verliert, weil die Bilanzierung von Leasingverträgen den Leasingnehmer vor zu grosse Probleme stellt. Hier kommt es darauf an, Lösungen zu finden, die praktikabel sind und dem Informationsbedürfnis der Stakeholder gerecht werden.

Wenn es gelingt, eine Verschlechterung der Rahmenbedingungen zu vermeiden, sind die Zukunftsaussichten des Leasings gut. Stabile Konjunkturaussichten und eine steigende Investitionsneigung der Unternehmen lassen ein kräftiges Wachstum des Leasingmarktes erwarten.

---

[1] Vgl. Heuer, D.; Paesler, S.: Verbriefung von Restwertrisiken bei Leasing-Gesellschaften, in: FLF 1/2007, S. 18-24.
[2] Vgl. Hartmann-Wendels, T.; Winter, J.: Loss Given Default von Mobilien-Leasing-Verträgen, in: FLF 3/2005, S. 123–128.
[3] Vgl. Schmit, M: Credit Risk in the Leasing Industry, in: Journal of Banking and Finance, vol. 28, 2004, S. 811-833.

LITERATURLISTE

Badertscher, Beat
Operating Lease – Echtes Leasing oder Miete
in: Koller, Alfred, Leasingrecht – Ausgewählte Fragen, Verlag Stämpfli & Co., Bern, 2007, Paperback, 176 S., ISBN 978-3-7272-2043-2

Börner, Christoh J. / Oliver Everling / Robert Soethe
Kauf, Miete und Leasing im Rating: Finanzierungswege langlebiger Wirtschaftsgüter sicher beurteilen
Gabler, Betriebswirt.-Vlg, 2007, geb., 305 S., ISBN 3-937887-74-1

Eckstein, Wolfram / Klaus Feinen
Leasing- Handbuch für die betriebliche Praxis
Verlag Fritz Knapp, 2000, geb. 584 S., ISBN 3-7819-0606-X

Egeter, Istok
Leasing und Compliance
in: Koller, Alfred, Leasingrecht – Ausgewählte Fragen, Verlag Stämpfli & Co., Bern, 2007, Paperback, 176 S., ISBN 978-3-7272-2043-2

Fatzer, Peter Kurt
Sachgewährleistung beim Finanzierungsleasing von mobilen Investitionsgütern
Dissertation Zürich, 1999, Paperback, 158 S.

Feinen, Klaus
Das Leasinggeschäft
Verlag Fritz Knapp, 2002, kart., 144 S., ISBN 3-8314-0736-3

Giger, Hans
Der Leasingvertrag; systematische Darstellung unter besonderer Berücksichtigung des Finanzierungsleasing
Verlag Stämpfli & Cie., Bern, 1977 Paperback, 193 S., ISBN 3-7272-0302-1

Girsberger, Daniel
Grenzüberschreitendes Finanzierungsleasing
Schulthess Juristische Medien AG Zürich Basel Genf, 1997, geb., 639 S., ISBN 978-3-7255-3609-2

Hastedt, Uwe-Peter / Winfried Mellwig
Leasing - Rechtliche und ökonomische Grundlagen
Recht und Wirtschaft, 2008, kart., 250 S., ISBN 3-8005-1432-X

Hess, Markus
Immobilien-Leasing in der Schweiz
Schulthess Juristische Medien AG Zürich Basel Genf, 1989, Paperback, 274 S., ISBN3 7255 2737 7

Hess, Markus / Krummenacher, Peter
Sachgewährleistung und

Gefahrtragung beim Leasing
In: Koller, Alfred, Leasingrecht –
Ausgewählte Fragen, Verlag Stämpfli
& Co., Bern, 2007, Paperback, 176 S.,
ISBN 978-3-7272-2043-2

Hess, Markus / Simmen, Robert
(Hrsg.)
**Das neue Konsumkreditgesetz
(KKG)**
Schulthess Juristische Medien AG
Zürich Basel Genf, 2002, Paperback,
249 S., ISBN 3-7255-4451-4

Klein, Christina
**Das sollten Sie wissen, wenn Sie
einen Leasingvertrag abschliessen**
Verlag Interna, 2006, kart., 37 S.
ISBN 3-937887-74-1

Kroll, Michael
Finanzierungsalternative Leasing
Deutscher Sparkassenverlag, 2004,
Paperback, 234 S.,
ISBN 3-09-305768-X

Kümpel, Thomas / Michael Becker
**Leasing nach IFRS: Beurteilung,
Bilanzierung und Berichts-
pflichten**
Verlag Vahlen, 2006, 219 S.,
ISBN 3-8006-3108-3

Kratzer, Jost / Benno Kreuzmair
Leasing in Theorie und Praxis
Gabler, 2002, kart., 259 S.,
ISBN 3-409-24436-0

Peters, Bernd / Klaus Schmid-Burgk
Das Leasinggeschäft
Bank Verlag, 2007, Paperback, 206 S.,
ISBN 3-86556-153-5

Siebert, Hanns-Peter
**Leasing oder Kredit:
Eine steuerliche Vergleichs-
rechnung**
Verlag Siebert Köln, 2000, hergestellt
on demand, 178 S.,
ISBN 3-8311-2500-7

Spittler, Hans-Joachim
Leasing für die Praxis
Luchterhand (Hermann), 2002,
Paperback, 352 S.,
ISBN: 3-87156-456-7

Westphalen, Friedrich von (Hrsg.)
Der Leasingvertrag
Otto Schmidt, 2008, Paperback, 985 S.,
ISBN 3-504-45025-8

**IFRS: Sachanlagen und Leasing :
Ansatz-, Bewertungs- und Aus-
weismöglichkeiten**
Erich Schmidt, 2008, kart., 167 S.,
ISBN 3-503-10099-7

Weitere Literaturhinweise:
www.leasingverband.ch/96/
Rechtliches/SLV/Literatur_/_
Judikaturliste.html

NÜTZLICHE ADRESSEN

Schweizerischer Leasingverband (SLV)
Rämistrasse 5, 8024 Zürich
Tel: 044 250 49 90
Fax: 044 250 49 99
info@leasingverband.ch
www.leasingverband.ch

IMMOBILIEN UND INVESTITIONS-GÜTER-LEASING

AIL Swiss-Austria Leasing AG
Flughofstrasse 41, 8152 Glattbrugg
Christian Looser
Tel: 044 801 88 00
Fax: 044 801 88 09
christian.looser@immo-leasing.ch

BTV Leasing Schweiz AG
Hauptstrasse 19
9422 Staad
Gerd Schwab
Klaus Rauscher
Tel: 071 858 10 50
Fax: 071 858 10 12
gerd.schwab@btv-leasing.com
klaus.rauscher@btv-leasing.com

CHG-MERIDIAN
Computer Leasing Schweiz AG
Täfernstrasse 7a
5405 Baden
Manuel Giger
Tel: 056 203 18 01
Fax: 056 203 18 09
manuel.giger@chg-meridian.com

CIT Group (Switzerland) AG
Baarerstrasse 98, Postfach 2258
6302 Zug
Howard Rosen
Tel: 041 761 87 87
Fax: 041 761 87 88
howard.rosen@legalease.ch

Credit Suisse Leasing
Talackerstrasse 19, 8152 Glattbrugg
Stefan Ruf
Tel: 044 334 28 31
Fax: 044 334 21 44
stefan.ruf@credit-suisse.com

Fortis Lease Schweiz AG
World Trade Center, Postfach
1000 Lausanne 30
Stefan A. Müller
Tel: 021 642 00 00
Fax: 021 642 00 01
stefan.muller@fortislease.com

GE Capital Solutions AG
Bändliweg 20, Postfach, 8048 Zürich
Zsolt Eötvös
Tel: 044 497 41 80
Fax: 044 497 41 95
zsolt.eotvos@ge.com

GE Money Bank
Bändliweg 20
8048 Zürich
Roland Brändli
Tel: 044 439 82 67
Fax: 044 439 84 04
roland.braendli@ge.com

Anschaffungen müssen nicht zu schaffen machen. Einfach leasen.

Kontaktieren Sie die Spezialisten des ZKB Leasing Teams an der Bahnhofstrasse 9, Postfach, 8010 Zürich, Telefon 044 292 56 05.

www.zkb.ch

Die nahe Bank

Zürcher Kantonalbank

Service

GRENKELEASING AG
Verwaltung Schweiz
Schaffhauserstrasse 611, Postfach 370
8052 Zürich
Giovanni Califano
Tel.: 061 375 50 50
Fax: 061 375 50 59
gcalifano@grenkeleasing.ch

IVECO Finance AG
Oberfeldstrasse 20, 8302 Kloten
Christian Galli
Tel: 044 804 30 05
Fax: 044 804 30 01
christian.galli@iveco.com

KBC Vendor Lease SA
62 bis, route de Frontenex
1207 Genève
Markus Erb
Tel: 022 707 47 27
Fax: 022 707 47 20
info@kbc-lease.ch

Leasecom AG
Grünaustrasse 25, 9471 Buchs
Heinrich Graf
Tel: 081 354 99 99
Fax: 081 354 99 98
heiner.graf@leasecom.ch

PEMA Suisse GmbH
Ostzelg 340, 5332 Rekingen/AG
Eric Jecker
Tel.: 056 265 00 20
Fax: 056 265 00 29
e.jecker@pemasuisse.ch

SG Equipment Finance Schweiz AG
Gladbachstrasse 105, Postfach
8044 Zürich
Thomas Rieger
Tel: 044 325 39 00
Fax: 044 325 39 22
thomas.rieger@sgef.ch

Siemens Leasing AG
Freilagerstrasse 42
8047 Zürich
Beat Stalder
Tel: 058 558 68 00
Fax: 058 558 68 01
beat.stalder@siemens.com

Sixt Leasing (Schweiz) AG
Schwarzwaldallee 242, Euroairport
4058 Basel
Ralf Käser
Tel: 061 325 27 98
Fax: 061 325 11 51
ralf.kaeser@sixt.com

SüdLeasing Suisse AG
Kasernenstrasse 3, 8184 Bachenbülach
Philipp Brogle
Tel: 044 864 80 61
Fax: 044 864 80 66
p.brogle@suedleasing.ch

UBS Leasing AG
Seefeldstrasse 15, 8008 Zürich
Gino Giuliato, Andreas Menz
Tel: 044 267 55 55
Fax: 044 267 55 66
E-Mail: gino.giuliato@ubs.com oder
Tel: 044 267 55 55
andreas.menz@ubs.com

Volvo Finance (Suisse) SA
15, rue Pierre-Fatio, C.P. 3811,
1211 Genève 3
Stephan Karrer, Urs Gerber
Tel: 022 735 68 30
Fax: 022 786 01 16
stephan.karrer@vfsco.com
urs.gerber@vfsco.com

**Zürcher Kantonalbank
Bahnhofstrasse 9, Postfach
8010 Zürich
Hugo Konrad
Tel: 044 292 55 75
Fax: 044 292 55 99
 hugo.konrad@zkb.ch**

FLOTTENLEASING

ALD Automotive AG
Gladbachstrasse 105, Postfach
8044 Zürich
Vincent Kneppert
André-Yves Brügger
Tel: 058 272 32 34
Fax: 058 272 32 32
vincent.kneppert@aldautomotive.com
andre-yves.bruegger@aldautomotive.com

Alphabet Fuhrparkmanagement
(Schweiz) AG
Industriestrasse 20, 8157 Dielsdorf
Dr. Hans-Jürgen Cohrs
Tel: 058 269 65 65
Fax: 058 269 65 66
hans-juergen.cohrs@bmw.ch

Service

Investitionen

Getting you there.

FORTIS

Planen Sie Investitionen? Bedenken Sie die Vorteile des Leasings!
Tatsächlich bietet Leasing viele Vorteile gegenüber herkömmlichen Finanzierungsarten. Dazu gehören die Erhaltung der Liquidität, kein Einsatz von Eigenkapital, keine Beanspruchung von Banklimiten sowie vereinfachte Budgetierung dank festen Kosten während der ganzen Leasingdauer.
Unsere Verkaufsteams verfügen über grosse Erfahrung und erarbeiten auf Sie zugeschnittene Finanzierungslösungen in den Bereichen **Geschäfts- und Privatflugzeuge, Investitionsgüter- und Immobilienleasing**, sowie für **Fuhrparks und Geschäftsfahrzeuge**.
Kontaktieren Sie uns!
Fortis Lease Suisse SA I Lausanne I Baden I Agno I tel. +41 21 642 00 00 I **fortislease.com**

Service

ARVAL (Schweiz) AG
Gewerbestrasse 11
Postfach 2151
6330 Cham
Marcel Evers
Danilo Bertocchi
Tel: 041 748 37 00
Fax: 041 748 37 07
marcel.evers@arvalnet.ch
danilo.bertocchi@arvalnet.ch

ASL Auto Service-Leasing AG
Bändliweg 20
8048 Zürich
Axel Liebe
Tel: 044 497 42 51
Fax: 044 497 41 01
axel.liebe@ge.com

Auto-Interleasing AG
Münchensteinerstrasse 43
4002 Basel
Beat Imwinkelried
Tel: 061 319 32 88
Fax: 061 319 32 92
b.imwinkelried@autointerleasing.ch

**Credit Suisse
Fleetmanagement AG
Talackerstrasse 19, Postfach 100
8070 Zürich
Roger Merki
Tel: 044 333 07 00
Fax: 044 333 07 11**
roger.merki@credit-suisse.com

GE Fleet Services AG
Bändliweg 20, 8048 Zürich
Zsolt Eötvös
Tel: 044 497 41 00
Fax: 044 497 42 88
zsolt.eotvos@ge.com

**LeasePlan (Schweiz) AG
Bernstrasse 388, 8953 Dietikon
Caroline Mahieu
Tel: 044 746 63 60
Fax: 044 746 63 00
caroline.mahieu@leaseplan.ch**

Sixt Leasing (Schweiz) AG
Schwarzwaldallee 242, Euroairport
4058 Basel
Ralf Käser
Tel: 061 325 27 98
Fax: 061 325 11 51
ralf.kaeser@sixt.com

KONSUMGÜTERLEASING

AMAG Leasing AG
Täfernstrasse 5, Postfach
5405 Dättwil
Daniel Hüppi
Tel: 056 484 75 00
Fax: 056 484 76 00
daniel.hueppi@amag.ch

BANK-now
SLFS/Postfach 852,
8810 Horgen
Urs Eggenberger
Tel: 044 333 03 43
Fax: 044 334 87 32
urs.eggenberger@bank-now.ch

cashgate AG
Hohlstrasse 283
Postfach 2222
8040 Zürich
Athos Staub
Tel: 043 430 30 40
Fax: 043 430 30 30
athos.staub@cashgate.ch

Mit UBS Leasing kennen Sie Ihre Kosten.

Verlässlichkeit ist in jedem Geschäft ein hohes Gut. Wer mit festen Kosten kalkulieren kann, sichert sich Vorteile und vereinfacht sein Budget. Deshalb bleiben die Leasingraten von UBS Leasing immer gleich. Mit unverändertem Zinssatz und kontinuierlicher Amortisation. Für lohnende Projekte zur richtigen Zeit.

Sprechen Sie mit uns – wir zeigen Ihnen gerne die vielfältigen Möglichkeiten des modernen Leasinggeschäfts.

UBS Leasing AG
Telefon 044-267 55 55

You & Us   ❋ UBS

UBS 2008. Alle Rechte vorbehalten.
S Leasing ist ein Tochtergesellschaft von UBS AG

AIL
SWISS-AUSTRIA LEASING AG
Mitglied der Raiffeisen-Bankengruppe Österreich

LEASINGGESELLSCHAFT/ FINANZIERUNGSLÖSUNGEN

Flughofstrasse 41
8152 Glattbrugg

Tel. +41 44 801 88 00

www.immo-leasing.ch

Ansprechpartner:
Christian Looser, Geschäftsleiter
christian.looser@immo-leasing.ch

KURZPORTRAIT
AIL SWISS-AUSTRIA LEASING AG

«Geld kann jedes Finanzinstitut ausleihen – wir bieten Finanzierungslösungen»

Wir, die *AIL Swiss-Austria Leasing AG*, gehören zur oestereichischen Raiffeisen-Bankengruppe.

Im Kerngeschäft finanzieren wir Immobilien, Maschinen und Anlagen sowie Transportfahrzeuge für Strasse, Schiene und Wasser. Auch die Finanzierung von Business-Jets gehört zu unserm Dienstleistungsangebot.

Sehr gerne begleiten wir Projekte rund um erneuerbare Energie, namentlich solche aus Wasserkraft.

Wir sind Ihr Partner für massgeschneiderte Finanzierungslösungen in der Schweiz und in weiten Teilen Europas: Dank des Niederlassungsnetzes unserer Gruppe in Oesterreich, Deutschland, Finnland, Schweden, Italien und in ganz Ost-Europa begleiten wir Sie, wenn es um Absatz oder um die Erstellung einer Betriebsstätte geht.

Anzahl Mitarbeitende
10 in der Schweiz, >1'000 in Europa

Produktefokus:
Immobilienleasing,
Mobilienleasing,
Energiecontracting,
Spazialfinanzierungen

Geografischer Fokus:
Schweiz und 23 Niederlassung in Europa

Portrait

AMAG LEASING — Sie fahren · wir finanzieren

FAHRZEUGLEASING

AMAG Leasing AG
Täfernstrasse 5
5405 Baden-Dättwil

Tel. 0848 / 25 24 00
Fax. 056 / 484 76 00

www.amag-leasing.ch

KURZPORTRAIT
AMAG LEASING AG

Die AMAG Leasing AG wurde am 26. Juni 1980 gegründet und zählt rund 80 Mitarbeitende. Als grösste Importeurs-Leasinggesellschaft der Schweiz fokussiert sich die AMAG Leasing auf die Fahrzeugmarken VW, Skoda, Audi, Seat und VW Nutzfahrzeuge. Das Unternehmen ist schweizweit tätig und betreut ein Portefeuille von ungefähr 65 000 Leasingverträgen. Durch die Zusammenarbeit mit dem Mutterhaus, der AMAG Automobil- und Motoren AG, können stets attraktive Zinssätze und Konditionen angeboten werden. Die AMAG Leasing offeriert Privat- sowie Gewerbeleasing. Auch das Fleet-Management, eine Gesamtlösung für mittlere und grosse Unternehmen, wird angeboten.

Anzahl Mitarbeitende
80

Standort:
Baden-Dättwil

Produktefokus:
Privat- und Gewerbeleasing für Fahrzeuge der Marken VW, Skoda, Audi, Seat und VW Nutzfahrzeuge
Fleet-Management

Geografischer Fokus:
national

Service

EFL Autoleasing AG
Steigstrasse 26, 8406 Winterthur
Richard Strotz
Tel: 052 208 05 05
Fax: 052 208 05 99
richard.strotz@efl.ch

FCE Bank plc
Geerenstrasse 10, Postfach
8304 Wallisellen
Thomas Rombach
Tel: 043 233 24 00
Fax: 043 233 20 50
finfo@ford.com

Fidis Finance (Suisse) SA
Zürcherstrasse 111
8952 Schlieren
Kurt Meier
Tel: 044 738 33 33
Fax: 044 738 33 49
E-Mail: kurt.meier@fidisretail.com

GE Money Bank
Bändliweg 20
8048 Zürich
Roland Brändli
Tel: 044 439 82 67
Fax: 044 439 84 04
E-Mail: roland.braendli@ge.com

Mercedes-Benz Financial Services Schweiz AG
Bernstrasse 55
8952 Schlieren
Renzo Albizzati
Tel: 044 755 99 99
Fax: 044 755 99 21
renzo.albizzati@daimler.com

MultiLease AG
Buckhauserstrasse 11, Postfach
8048 Zürich
Ewald Siegrist
Tel: 044 495 24 00
Fax: 044 495 24 90
Ewald.Siegrist@emilfrey.ch

PSA Finance Suisse SA
Untere Zollgasse 28,
3072 Ostermundigen
Yvan Nemitz
Tel: 031 939 22 31
Fax: 031 931 56 34
yvan.nemitz@mpsa.com

RCI Finance SA
Riedthofstrasse 100
8105 Regensdorf
Jean-Louis Labauge
Tel: 044 871 24 91
Fax: 044 871 24 00
jean-louis.labauge@rcibanque.com

Revi-Leasing & Finanz AG
Murgenthalstrasse 7
4901 Langenthal
Rolf Dünki
Raphael Flückiger
Tel: 062 916 07 00
Fax: 062 916 07 01
r.duenki@revi-leasing.ch
r.flueckiger@revi-leasing.ch